ARCHEOLOGIA 1 - DIECI ANTICHE CITTA'

Baalbek, Babilonia, Byblos, Cartagine, Gomorra,

Leptis Magna, Masada, Sidone, Sodoma, Tiro

NOTA IMPORTANTE

Alla fine del testo si trovano quattro liste:

- Luoghi citati nel testo
- Nomi citati nel testo
- Indice dei testi citati
- Link citati nel testo

I link internet sono una novità per un libro cartaceo. Il lettore potrà digitare, nell'apposita barra del suo browser, il link citato nel testo (link abbreviato) per accedere alla pagina del Web corrispondente ed approfondire l'argomento.

ARCHEOLOGIA 1

Baalbek, Babilonia, Byblos, Cartagine, Gomorra,

Leptis Magna, Masada, Sidone, Sodoma, Tiro

Edizione italiana in Bianco e Nero

(Questo volume è anche disponibile in formato eBook su Amazon)

Eva Accenti

Linkedin: Eva Accenti
Link ai miei libri pubblicati: http://amzn.to/1U11qXl

EDIZIONI ACCENTI

Eva Accenti

Archeologia 1 – Dieci Antiche Città
Edizione italiana a colori

ISBN - 13:978 – 1530510436   ISBN – 10: 1530510430

Dedica

A mia marito Ettore, che ha curato le immagini e la formattazione.

Ai miei dieci nipoti, con la speranza che leggano e che imparino anche ad amare l'archeologia, regno dei loro antenati.

I nipoti in ordine per età decrescente: Nicola, Eddie, Lorenzo, Sara, Elia, Ethan, Giulia, Sofia, Emma e Gioele

L'autrice

Fin dall'età scolare sono rimasta affascinata dal mistero insito nell'archeologia e questo amore per la ricerca mi ha portata a soddisfare sempre la mia curiosità leggendo scritti e visitando siti durante i miei numerosi viaggi.

Una laurea alla Bocconi in lingue e poi una complessa famiglia e la mia attività come arredatrice con la mia piccola impresa Evart Arredi hanno limitato questo mio hobby che comunque non ho mai abbandonato.

Ora, con i quattro figli indipendenti, i dieci nipotini ben accuditi dai rispettivi genitori ed un marito tecnico che ne sa di computer e mi può aiutare in tutto quello che una Indi, quale vorrei essere, posso finalmente pubblicare, pur senza le necessarie conoscenze tecniche per le formattazioni varie, quello che ho raccolto in molti anni di metodica ricerca.

Premessa

Città, luoghi, storia ed aneddoti che, per opera del gigantesco e paziente lavoro di illustri archeologi, possiamo oggi conoscere per approfondire come la nostra civiltà si sia evoluta dalla notte dei tempi.

Il tutto descritto in modo semplice ed accessibile allo scopo di invogliarne l'ulteriore ricerca, soprattutto per i giovani.

Le informazioni archeologiche, unite alle informazioni storiche, alle leggende e alle curiose tradizioni, rendono più fluida la lettura. Inoltre le città scelte sono posizionate geograficamente nelle attuali nazioni per poter essere localizzate con facilità.

In questo primo volume della serie, ho preferito scegliere città dai nomi noti fin dalle scuole e citate da scritture storiche come la nostra Bibbia, da altre opere quali la Divina Commedia, oppure rappresentate in opere pittoriche di varie epoche.

SOMMARIO

Introduzione

Archeologia: un meraviglioso termine composto da due parole greche ἀρχαῖος (arcaios cioè antico) e λόγος (logos cioè studio o discorso), che si riferisce allo studio delle civiltà antiche. Ciò che io personalmente trovo meritevole di approfondimento è il rapporto dei fatti e dei comportamenti umani antichi con gli avvenimenti che ancora oggi influenzano la nostra vita.

Innumerevoli sono i siti archeologici che sono stati cercati, trovati, esaminati, studiati e interpretati. Esistono per fortuna persone che con curiosità, amore ed abnegazione ammirevoli, dopo avere studiato approfonditamente antichi documenti, riescono a localizzare quello che potrebbe essere un luogo adatto per essere scavato palmo a palmo, alla ricerca delle "nostre radici".

Un importante archeologo ha detto: ***"strato dopo strato, ritroviamo il nostro passato"***: la rima è involontaria, ma il significato, pur nella sua semplicità, ci indica come la realtà in cui oggi viviamo, sia il risultato, strato dopo strato di millenni di lotte, conquiste, costruzioni, distruzioni di civiltà che ci hanno precedute.

Ancora più ammirevole è il lavoro degli archeologi, perché ottenere finanziamenti per questo tipo di studi non è mai stato facile, soprattutto agli albori delle prime ricerche. L'ideale e la brama di conoscenza spronano questi studiosi; certo alcuni con la speranza di arricchirsi o di diventare famosi, altri solo per amore della scoperta. Comunque molti ed importanti nomi sono rimasti nella storia degli scavi e e questa lista, con l'aiuto dei Governi sicuramente aumenterà di molto nel futuro.

Questo amore per la ricerca è dovuto non solo al desiderio di conoscere la vita dei nostri predecessori dal punto di vista storico, ma soprattutto è dovuto alla curiosità e alla speranza di risolvere i misteri che circondano questi siti. Inoltre con queste ricerche si intende verificare se, quello che ci raccontano i documenti scritti e le leggende tramandate anche a voce, abbiano qualche fondamento.

Sin da ragazzina anch'io sono stata attratta dal mistero insito nell'archeologia. Non pensavo certamente agli alieni, come oggi di moda, ma mi attirava il pensiero di uomini, donne, bambini che, pur essendo vissuti in modo molto diverso dal nostro, in città e in case che poco hanno a che fare con le nostre, sono le fondamenta della nostra civiltà moderna.

Miti e leggende circondano ancora oggi molti siti archeologici e con questa mia opera rivolta soprattutto ai giovani, ho voluto iniziare da antiche città in un'area molto nota anche perché spesso citate nelle scuole di tutto il mondo e particolarmente interessanti anche dal punto di vista geografico e storico.

Queste città oggi sono solo un cumulo di pietre, sparse per lo più in territori aridi e praticamente disabitati, ma che ritrovate dagli esperti svelano una lunga catena di eventi, dalla nascita alla loro decadenza, dovuta ad eventi naturali, a guerre oppure al lento abbandono.

Nonostante siano giunte a noi coperte dal sale, dalle pietre o dalla sabbia, grazie all'amore degli archeologi, ci sono state svelate per il piacere della nostra conoscenza e ci permettono di capire come quei luoghi, quelle popolazioni e i loro usi e costumi influenzino ancora oggi le nostre vite.

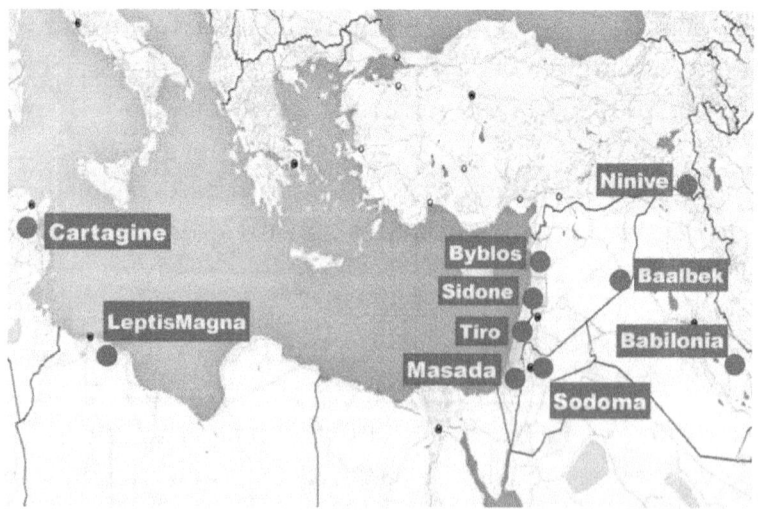

Le 10 città antiche di cui tratteremo

Cinque delle città, Cartagine, Leptis Magna, Tiro, Sidone e Byblos che "visiteremo" sono localizzate sulle coste del mare Mediterraneo, il "Mare Nostrum", come veniva chiamato dai romani.

Tre (Masada, Sodoma e Baalbek) sono localizzate solo a qualche kilometro dal mare ed infine, Ninive e Babilonia nell'entroterra, cioè nell'antica Mesopotamia, vera culla della civiltà.

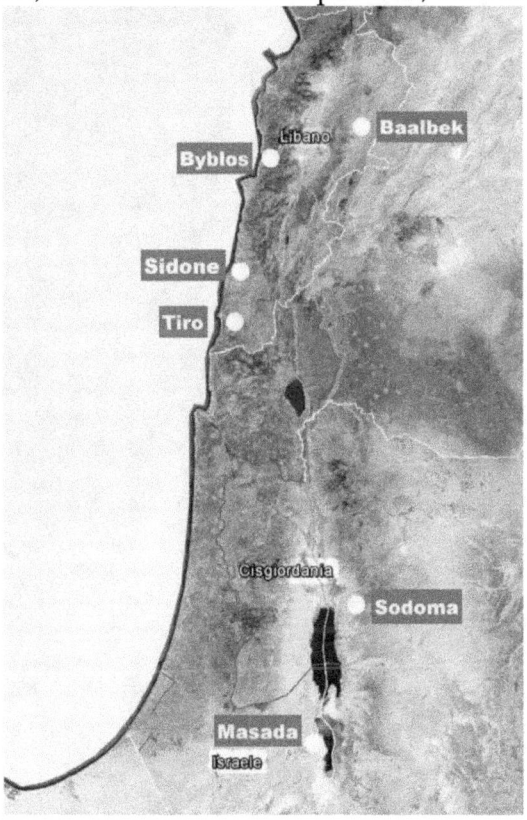

Mediterraneo orientale: culla della nostra civiltà, dove si trovano Israele, Libano, Siria e Giordania, e dove furono fondate Byblos, Sidone, Tiro, Baalbek, Masada e Sodoma.

Cominciamo questo escursus da due tra le città (Sodoma e Gomorra) più famose e misteriose, perché rappresentano una condanna biblica giunta fino a noi, spesso ripresa da racconti e rappresentata da pittori e da film.

SODOMA E GOMORRA – VALLE DEL GIORDANO

Un mistero risolto?

Se ne parla da millenni, si sono fatte centinaia di ipotesi, sono state cercate inutilmente nel corso degli ultimi centocinquanta anni ed ecco che finalmente arriva la bella notizia: la città di Sodoma sarebbe stata recentemente ritrovata in una località ad est del fiume Giordano, sul Mar Morto a Tal el Hammam.

Tal-el-Hammam: parte degli scavi del Prof. Steven Collins

L'annuncio è stato dato nel 2015 da Steven Collins professore all'università Trinity Southwestern nel New Mexico, dopo ben 10 anni di scavi iniziati nel 2005. Questa notizia è veramente entusiasmante tenendo conto che Sodoma e Gomorra furono cercate fin dai primi del '900 da innumerevoli esploratori i quali, seguendo le indicazioni descritte nella Bibbia, cercarono inutilmente di localizzarle esattamente dove si pensava fossero e cioè in Giordania senza riuscirci.

Tal-elHammam: altra parte scavi Prof. Collins

Gli scavi del professore Steven Collins, come già accennato, sono stati effettuati in quella che viene definita dalla Bibbia, "area circolare" e cioè a Tall el-Hammam nella valle del Giordano, a circa 14 km a nord est del Mar Morto, dove sono stati ritrovati i resti di una civiltà del bronzo in un'area di 1 kmq, databili dal 3.600 a.C. fino a dopo il 1.950 a.C.

In quest'area si individuano le spesse mura di una fortezza con elementi risalenti a tutte e tre le civiltà del bronzo (prima, intermedia e tarda).

Nel suo libro ***Discovering the City of Sodom***, Steven Collins afferma che in nessun altro luogo di scavi si sono trovati segni così evidenti di distruzione, quali detriti bruciati, muri collassati e drammatici resti scheletrici, il tutto sotto uno spesso strato di ceneri.

Se il ritrovamento a Tall el-Hammam dei resti di un grande cancello, considerati da Collins parte de "la porta di Sodoma", descritta nella Bibbia (Genesi 19:1), fosse considerato esatto, allora questi resti potrebbero segnare il luogo dove "Lot era seduto sulla porta", prima della sua fuga da Sodoma.

Distrutta dal cataclisma, la zona venne abbandonata per 700 anni e poi ripopolata intorno al 1200 a.C., durante l'Età del ferro. Questo è evidenziato dal fatto che i resti archeologici dissepolti non sono stati ritrovati sotto numerosi strati di civiltà, ma giacciono subito sotto la superficie.

Quest'ultima ricostruzione sfiorì nuovamente attorno al 332 a.C.

Naturalmente le rovine dovranno essere ancora studiate a lungo per poter asserire con sicurezza che Sodoma e Gomorra sorgessero proprio lì e Steven Collins ne è ben conscio, ma la loro posizione   vicino al fiume Giordano, non può essere solo una coincidenza essendo confortata dal racconto della Bibbia che pone la fuga di Lot e la distruzione dei luoghi proprio nella età media del bronzo.

Con questo ritrovamento si è fatto un grande passo avanti e speriamo di avere a breve altre notizie per poter risolvere questo affascinante mistero e magari per avere la possibilità di visitare un sito così importante nella storia dell'umanità.

Altri esploratori, pur avendo ritrovato alcuni resti della città di Zoar e credendoli appartenenti a Sodoma, dopo il primo entusiasmo si dovettero ricredere perché, ad un esame approfondito, giunsero alla conclusione che le rovine risalivano a tempi molto più recenti e cioè al primo Medioevo.

Data l'esperienza e le energie spese da questi scienziati si dovette concludere, erroneamente, che Sodoma e le altre città non si sarebbero mai più ritrovate. Devo ringraziare la mia fortuna di scrittrice ed amante dell'archeologia se, proprio poco prima di iniziare questa mia serie di libri, sia stato dato questo annuncio e che io abbia così avuto la possibilità di studiarne i risultati.

Sodoma e Gomorra, le città del peccato

Possiamo senz'altro affermare che tutti, in un modo o nell'altro, conoscano la storia di Sodoma, e l'interesse per questa città ha molteplici ragioni: ragioni geografiche e motivi religiosi legati a punizioni divine.

Per anni un alone di mistero ha avvolto la città di Sodoma, accomunata nella sua storia e nel suo tragico destino a Gomorra e alle meno conosciute città Adma, Zoar e Zeboim, attorno alle quali racconti e leggende ricavate dalla Bibbia si sono moltiplicate e diffuse in tutto il mondo.

La città, sorta circa nel 3.500 a.C, aveva un'estensione enorme per quei tempi, era cinta da mura possenti ed era strategicamente situata vicino a sorgenti d'acqua dolce.

L'ambiente geografico della regione dove Sodoma sorgeva è totalmente cambiato nel tempo e così, dove oggi non c'è altro che deserto, allora verdeggiava una feconda pianura bagnata da un fiume generoso.

La Bibbia narra che, di ritorno dall'Egitto, le due tribù capeggiate da Abramo e da suo nipote Lot (figlio di suo fratello Aran), decisero di separare le loro strade per i continui dissapori tra i loro mandriani: Lot decise così di proseguire verso la valle del Giordano, attirato dalla distesa verdeggiante, con abbondante acqua e quindi molta erba buona per gli animali. Si fermò a Zoar dove costruì la sua prima capanna, Abramo invece andò a Canaan e proseguì per Ebron.

Le città di Sodoma , Gomorra, Adma, Zoar e Zeboim, tutte collocate nella valle di Siddim, allora una pianura verde, fertile, coperta di boschi, ricca, tanto da essere paragonata al giardino dell'Eden, divennero in breve città ambite per loro floridezza e crebbero sia in dimensione sia in numero di abitanti, tanto da diventare tra le città più importanti del tempo.

L'abbondanza della natura e le ricchezze ben presto resero le popolazioni di quelle città non più dedite alla loro religione e si abbandonarono, come riporta la Bibbia, al peccato ed al vizio, divenendo peccatori impenitenti ... tranne gli abitanti della città di Zoar che, per questo, venne risparmiata dall'ira Divina.

Attorno al 1.900 a.C. un terribile terremoto distrusse tutta la zona, le città vennero inghiottite completamente in quella che oggi è una faglia della crosta terrestre che inizia a nord della Giordania e che prosegue per chilometri a sud, fino ad Akaba, sul Mar Rosso. Scosse violentissime, fuoco e zolfo causarono la morte di tutti gli abitanti o per i crolli o per gli avvelenamenti dovuti alle esalazioni mortali emanate dal terreno.

Inoltre, dalle alture intorno si staccarono enormi blocchi di sale che crearono forme strane, di diverse grandezze e misure, nelle quali ancora oggi si possono scorgere figure che sembrano le statue di sale menzionate dalla Bibbia.

Tra le varie ipotesi c'è chi sostiene che le città possano essere state distrutte da un meteorite per il fatto che la Bibbia riporta come Abramo osservò da lontano nugoli di polveri sollevarsi ad oscurare il cielo, fiamme e un *"fuoco caduto dal cielo"*.

Nel mosaico del XII sec. conservato a Palermo nella Cappella Palatina, viene raffigurata la fuga di Lot con la sua famiglia da Sodoma, mentre la moglie si volta a guardare la città che brucia, colpita dal fuoco caduto dal cielo.

Rappresentazione della fuga di Lot: mosaico XII secolo

Nonostante questa sia un'ipotesi ardita, comunque il meteorite cadendo avrebbe potuto benissimo provocare il terribile terremoto rilevato dalle ricerche archeologiche: ancora oggi comunque il mistero non è risolto.

Anche Dante Alighieri, nel terzo girone dell'Inferno nella Divina Commedia, ritorna al tema della punizione con il fuoco, ponendo i sodomiti, cioè i violenti contro natura, seduti sulla sabbia bollente sotto una pioggia di fiammelle ardenti.

L'immagine seguente illustra come l'incisore Gustave Dorè, ha immaginato il girone dell'Inferno descritto da Dante.

Divina Commedia: l'Inferno secondo Dante

Secondo la Bibbia Lot, trasferitosi nella ricca Sodoma, aveva dato ospitalità a due angeli e, avendo impedito che essi fossero prelevati e ingiuriati dai suoi concittadini, i quali volevano "conoscerli carnalmente", venne avvertito dagli stessi due angeli della prossima distruzione della città.

Grazie a questo preavviso gli fu permesso di fuggire "*senza mai voltarsi indietro*" con la moglie e le due figlie. Purtroppo la moglie, angosciata e spaventata, non resistette e si voltò per guardare un'ultima volta la sua città.

Lot invece proseguì la sua fuga verso il futuro senza voltarsi indietro, lasciandoci con la sua storia un insegnamento. Nei momenti di "crisi", quando tutto ci sembra ormai perduto, bisogna lasciarsi tutto alle spalle, perché il guardarsi indietro può bloccarci proprio come statue di sale. **Il guardare avanti ci sprona e ci dà speranza per un futuro migliore.**

Poiché la moglie di Lot, purtroppo, si voltò a guardare indietro, fu tramutata nella famosa statua di sale, una concrezione che si può vedere viaggiando in Giordania e che ancora oggi, per credenza popolare, viene chiamata "*la moglie di Lot*".

Nell'immagine seguente si possono notare due formazioni in cui sembrano raffigurare a sinistra la moglie di Lot ed a destra un gruppo dall'apparenza di tre persone accasciate.

Mar Morto: attuali formazioni di sale interpretate come moglie di Lot e gruppo

Le meravigliose terre verdi si tramutarono in una landa desolata, dove zone con tracce di fuoco, odore di zolfo e naturalmente cristalli di sale dappertutto, possono essere osservate facilmente, ancora oggi.

Per poter capire anche il perché quelle zone siano oggi così particolari, dobbiamo ricordare la loro vicinanza al Mar Morto, che trasforma tutto in "*statue di sale*".

E' un'esperienza che ho provato io stessa durante un viaggio in quelle affascinanti terre: dopo essermi immersa nelle acque oleose del Mar Morto, questa è l'impressione che mi hanno trasmesso; dopo aver giocato ad affondare senza riuscirci (facendo attenzione perché l'acqua non venisse a contatto con i miei occhi per evitare ustioni), ho lasciato che la mia pelle si asciugasse al sole. In pochissimi minuti ero completamente bianca e ricoperta di sale. Ero una vera statua di sale! In compenso, dopo essermi risciacquata con l'acqua dolce, la mia pelle era diventata liscia come una seta ed io mi sentivo leggera, leggera.

Nell'immagine che segue riporto una foto della mia famiglia, ripresa da mio marito, mentre a bagno nel mar Morto galleggiamo come se vi fosse qualcuno che ci sostiene dal di sotto ... una sensazione meravigliosa.

Mar Morto: galleggiando felicemente senza problemi

Tutto galleggia in quest'acqua e tutto ciò che viene immerso ritorna alla superficie, come se fosse pietra pomice.

A questo proposito ho letto che, secondo una leggenda, il generale romano Tito (futuro imperatore), durante l'assedio a Gerusalemme nel 70 d.C., per uccidere alcuni schiavi da lui condannati, avesse avuto la brillante idea di farli morire facendoli annegare, incatenati, nel Mar Morto. Quale fu la sua sorpresa, tramutatasi poi in terrore quando, gettati in quel mare, gli schiavi tornarono a galla! Ci riprovò, ma il risultato fu il medesimo. Gli dei non approvavano la sua decisione, probabilmente dovette pensare! Tito sempre più spaventato decise così di graziare quei poveri sventurati.

Il racconto non precisa se i poveretti ne uscirono indenni o per lo meno ciechi.

Il futuro imperatore allora non poteva conoscere il perchè di questo fenomeno, che ha una ben nota spiegazione fisica.

Il Mar Morto ha un affluente principale, il fiume Giordano e altri fiumi minori, che si immettono nel suo bacino. La foce del Giordano confluisce nelle acque del Mar Morto già a circa 400 metri sotto il livello del mare. Il grande lago salato non ha emissari e non esiste ricambio d'acqua. Avendo anch'esso una profondità massima di altri 400 metri e quindi, caso unico sulla Terra, un totale di 800 metri sotto il livello del Mare Mediterraneo, le varie sostanze chimiche portate dai fiumi si depositano sul fondo e le sue acque evaporando velocissimamente sotto il sole cocente si saturano di sali minerali. L'acqua salata ha un peso specifico superiore a quello dell'acqua normale e, come tutti sappiamo, il principio di Archimede recita che un corpo immerso in un liquido riceve una spinta verso l'alto proporzionale al peso del liquido spostato. La percentuale di sale nel Mar Morto è del 25%, mentre quella dei mari è pari circa al 4% o al 6%: ecco perché il nostro corpo non può affondare!

Tutto intorno all'acqua il paesaggio è terribilmente affascinante, non esistono alberi, cespugli, tutto è bianco, giallo, rossiccio e con uno sfavillio abbacinante di cristalli di sale che si ammucchiano dappertutto. Aleggia un silenzio assoluto, non ci sono pesci, nessun animale si avventura nella zona, persino gli uccelli non sorvolano quella terra e quel mare. Ci si sente sperduti e un poco inquieti.

Ecco una bellissima immagine del Mar Morto, con un agglomerato di sale sulle sue rive.

Mar Morto: formazioni di sale

Purtroppo il bacino si sta rapidamente prosciugando, il sale sta avanzando sempre più, per cui il Mar Morto è destinato a sparire.

Ad oggi nulla è stato ancora ritrovato di Gomorra, mentre l'antica affascinante Sodoma, seppure sepolta e in rovina, forse non è andata perduta per sempre: gli scavi proseguono alacremente scoprendo ogni giorno di più nuovi reperti.

Oggi in Giordania esiste una nuova città che, solo nel nome, ricorda Sodoma, ma è completamente diversa: è una città industriale che produce cianuro, potassio, bromo e magnesio.

MASADA – ISRAELE

Fortezza Invisibile

Sono trascorsi quasi duemila anni dalla sua capitolazione all'assedio dei Romani (74 d.C.), ma questo luogo mantiene intatta, ancora oggi, la sua bellezza e il suo mistero. La sua è una posizione strategica, a pochi chilometri da Gerusalemme, sulla strada che porta al Mar Morto, sopra un'altura non facilmente raggiungibile.

In effetti se si percorre la strada in automobile, la fortezza è praticamente invisibile. Io stessa , in viaggio da Gerusalemme ad Arad, se non avessi avuto notizia di quel luogo, non avrei certamente localizzato i suoi resti che sono dello stesso colore della sabbia e disposti su un altopiano di circa 400 metri di altezza, vicino alle sponde del Mar Morto.

Nell'immagine che segue si vede dall'alto la fortezza di Masada che domina la vallata di fronte al mar Morto, una cittadella praticamente irraggiungibile.

Masada vista dall'alto

Diverse e discordanti sono le versioni dovute a motivazioni religiose, politiche, storiche e archeologiche su questo sito, poiché di Masada non se ne conosce esattamente la storia. Le uniche notizie a cui possiamo dare un certo credito risalgono ad un'opera di Tito Flavio Giuseppe (Yosef ben Matityahu) [http:// http://bit.ly/1SpOKt8] storico giudeo (37 d.C. - 100 d.C. circa), scritta in greco ellenistico nel 93-94 d.C., e cioè Antiquitates Iudaicae (Antichità Giudaiche), in cui fornisce notizie sugli Esseni [http://bit.ly/1VXXENr], i Farisei [http://bit.ly/1TWaRbE], e gli Zeloti [http://bit.ly/1TWaUEs], che rappresentano i diversi movimenti religiosi nella Palestina del primo secolo.

Flavio Giuseppe racconta che la fortezza di Masada fu progettata e fatta costruire da ***Erode Ascalonita il Grande*** (73 a.C. – 4 a.C.) [bit.ly/1QAeuOX], che noi conosciamo quale crudele mandante della "strage degli innocenti", come riportato dall'evangelista Matteo. La notizia su questo episodio è controversa in quanto le date non collimano, Erode sarebbe morto 4 anni prima della nascita di Gesù. Inoltre non aveva l'autorità di decidere una condanna a morte senza interpellare Roma che non avrebbe sicuramente approvato un comportamento così crudele, per evitare la rivolta del popolo.

Probabilmente la causa delle accuse di crudeltà nei suoi confronti risale alle sue origini che lo portavano ad essere avversato dagli ebrei.

Erode, sotto il protettorato di Roma, fu re della Giudea dal 37 a.C. quando conquistò Gerusalemme, sino alla sua morte. La sua politica verso il popolo conquistato fu accorta : bonificò terreni, fece costruire fattorie, e addirittura ideò canalizzazioni per irrigare i campi che aveva assegnato ai "senza terra", i quali avevano l'obbligo di coltivarli.

Quindi non fu tanto il crudele despota che ci è stato descritto, bensì un abile costruttore di palazzi con riscaldamenti e terme, sulla falsariga delle costruzioni romane. Tra gli altri fece costruire templi, acquedotti, il porto di Cesarea, e i palazzi di Gerico.

Di seguito un'altra bella immagine della fortezza vista da vicino.

Masada. Un'altra veduta degli scavi

Secondo lo storico Flavio Giuseppe, Masada, in ebraico *"Metzuda"* fu costruita da Erode tra il 37 e il 31 a.C., dopo aver scelto il luogo che egli riteneva più adatto alle sue necessità di soggiornarvi in sicurezza e probabilmente di nascondere i suoi ingenti tesori: infatti la fortezza è praticamente inaccessibile. Sorge in prossimità di due strade che una volta erano importantissime: una portava a Moab, tagliando il deserto di Giuda, l'altro portava a Gerusalemme. In cima all'altopiano, a forma di nave, si può salire solo con uno stretto, aspro e talmente tortuoso sentiero, da essere definito "percorso del serpente". Esistevano anche altri due strettissimi sentieri, ma la loro traccia è oggi praticamente scomparsa.

Per raggiungere la sommità del monte su cui risiede la fortezza di Masada, ancora oggi è possibile percorrere questo tortuoso sentiero, realizzato oltre 2.000 anni fa.

E' utile prevedere più di un'ora per la salita, buone gambe e soprattutto, per le alte temperature, è preferibile scegliere le prime ore del mattino.

Nell'immagine seguente una visione del sentiero.

Masada: percorso del serpente

La sommità dell'altopiano era completamente circondata e fortificata da doppie mura parallele lunghe 1.400 metri e larghe 4 metri, con parecchie torrette intervallate; tra le due mura vi erano delle camere divise da pareti e lungo le mura cancelli fortificati, che rendevano Masada praticamente inespugnabile.

Per poter sopravvivere alle estati torride e aride, furono realizzate anche cisterne e ingegnosi canali per il rifornimento di acqua, utilizzando l'acqua piovana raccolta durante l'inverno dalla montagna adiacente.

Le cisterne erano scavate sul pendio a nord-ovest e su due livelli. Potevano contenere sino a 40.000 metri cubi d'acqua . Veniva poi trasportata ad altre cisterne al terzo livello, a dorso di animali da soma, dove gli abitanti potevano poi usufruire di acqua fresca.

Ancora oggi, come si vede dall'immagine che segue, sono visibili i resti di una di queste gigantesche cisterne.

Masada: cisterna d'acqua che alimentava la fortezza

Il palazzo di Erode costruito sulla parte nord dell'altopiano, era circondato da una ulteriore cinta di mura, per assicurare sicurezza e privacy. Il palazzo consisteva in un portico e tre livelli terrazzati, con colonnati, affreschi, mosaici e con una splendida vista sul Mar Morto.

Masada fu costruita in tre fasi: dapprima il palazzo ad ovest, poi il complesso dei magazzini ed il palazzo a nord, per ultimo le mura e le cisterne.

Una ricostruzione moderna di una parte del palazzo mostra, nella figura che segue, la magnificenza di tale residenza.

Masada: ricostruzione del palazzo del Re Erode

Nella parte terrazzata inferiore era stata costruita una piccola Terme privata, sotto il cui pavimento vennero ritrovati gli scheletri di un uomo, una donna e un bambino e centinaia di piccole scaglie in bronzo facenti parte dell'armatura dell'uomo. Probabilmente un bottino preso ai Romani.

Era stata costruita anche una Terme più ampia, in uso agli ufficiali e agli ospiti, con un cortile circondato da portici e stanze abbellite da affreschi e mosaici. Come nelle Terme romane il pavimento era sopraelevato, tenuto da 200 basse colonne, per lasciare circolare l'aria riscaldata dalla fornace esterna e convogliarla nel "**calidarium**", cioè nella stanza che oggi noi chiamiamo "**sauna**".

Sicuramente l'acqua che, come abbiamo visto, veniva raccolta oltre che per i bisogni primari, anche per approvvigionare le vasche e piscine nelle terme, denota l'abitudine a un lusso incredibile da parte di Erode.

Di seguito alcuni resti delle Terme.

Masada: le Terme

Un altro bellissimo edificio, situato ad ovest, completamente adornato da un mosaico doveva essere probabilmente il quartiere generale amministrativo e il palazzo cerimoniale del re. Tra le varie stanze, decorate con affreschi e pavimenti in mosaico, se ne può ammirare ancora oggi una con motivi geometrici e floreali che si ritiene fosse la "stanza del trono", utilizzata da Erode quando soggiornava a Masada. Tutti gli edifici quindi, erano costruiti in modo mirabile e ostentavano ricchezza e ricerca del piacere. I tre edifici, tutti adornati da colonne, e costruiti su tre livelli, erano collegati fra di loro con strette scale intagliate nella roccia.

Alcune bellissime colonne del Palazzo di Erode sono ancora visibili, come mostra l'immagine seguente.

Masada: colnne del Palazzo di Erode

Gli approvvigionamenti sicuramente non dovevano essere molto facili per cui furono costruiti grandi magazzini per le derrate: due file di stanze con un corridoio centrale, piene di giare che, una volta, dovevano contenere una grande quantità di grano, vino e olio.

Esisteva anche una Sinagoga, orientata verso Gerusalemme, dove gli Ebrei che vivevano a Masada durante la rivolta contro i romani, pregavano. Questa Sinagoga è considerata come il migliore esempio delle prime Sinagoghe costruite e poi distrutte, insieme al Tempio di Gerusalemme, nel 70 d.C.

Curiosità: nella fortezza erano state costruite ampie piccionaie, e si dice che nella Mishnah [http://bit.ly/1R0Eo3L] (uno dei testi fondamentali del giudaismo) Erode fosse così odiato che si parlava di lui solo come la persona che aveva introdotto una nuova razza di piccioni!.

Memorabile eroica resistenza

La fortezza rimase occupata dai soldati Romani anche dopo la morte di Erode, nel 4 a.C., ma nel 66 d.C., iniziata la rivolta contro i

Romani, un gruppo di Ebrei ribelli (i Sicarii, gruppo estremista degli Zeloti) sconfisse la guarnigione Romana di Masada.

Nel 70 d.C., dopo la distruzione del Tempio di Gerusalemme per opera dei Romani, i Sicarii furono raggiunti da un gruppo di zeloti con le loro famiglie, in tutto un migliaio di persone, che non volevano sottomettersi ai Romani. La fortezza con i suoi abitanti resistette per ben tre anni all'assedio dei Romani, fino a che Flavio Silva, con la Decima Legione riuscì ad espugnarla.

I romani, mentre tentavano l'espugnazione, risiedevano in un accampamento ai piedi di Masada di cui ancora oggi se ne intravvedono i confini (vedi l'immagine che segue).

Masada: resti dell'accampamento Romano

Bisogna qui ricordare il drammatico racconto dello storico Flavio Giuseppe su questo evento…

I Romani, non riuscendo a penetrare nella fortezza, costruirono una rampa con migliaia di tonnellate di pietre e terra battuta sul fianco a ovest della fortezza stessa e nella primavera del

74 d.C., dopo aver trasportato sulla rampa un ariete, riuscirono finalmente a fare una breccia sul muro.

Era evidente che ormai i Romani avevano avuto il sopravvento per cui il capo degli Zeloti, ***Eleazar ben Yair*** [http://bit.ly/21PT2wp], decise che tutti gli Ebrei ivi residenti dovevano suicidarsi per non farsi catturare vivi. Nel suo discorso ai compatrioti dichiarò che Dio li aveva ormai privati della speranza della salvezza e che tutti dovevano morire da liberi e non da schiavi.

"Diamo da liberi l'addio alla vita con le mogli e i figli, lasciando ai Romani lo stupore per la nostra morte e l'ammirazione per il nostro coraggio" (Flavio Giuseppe in Antiquitates Iudaicae) è l'ultima dolorosa frase del discorso di Eleazar.

Gli Ebrei diedero quindi fuoco alla fortezza, tranne ai magazzini pieni di derrate, per dimostrare ai Romani che non era stata la fame a spingerli al suicidio, ma l'onore. Quindi si uccisero adottando un criterio terribile: ogni capo famiglia uccise la propria moglie e i propri figli, poi vennero estratti a sorte 10 uomini che dovettero uccidere tutti gli uomini rimanenti e infine questi ultimi 10 ne scelsero uno, che li avrebbe uccisi. Quest'ultimo infine, coraggiosamente, dovette commettere suicidio.

I Romani entrati finalmente nella fortezza non trovarono altro che pietre fumanti e un migliaio di corpi senza vita. Si salvarono solo due bambini e due donne anziane, che si erano nascoste e che fecero questo racconto a Flavio.

Per anni non si è più avuta traccia di Masada e solo nel 1867 alcuni esploratori riscoprirono il sentiero "serpente".

Negli anni intorno al 1960, l'archeologo **_Yigal Yadin_** [http://bit.ly/1OVSRq8], impiegando centinaia di volontari Israeliti, riportò alla luce le rovine di Masada.

Parecchi reperti sono stati ritrovati, il clima secco ha preservato pezzi di stoffa, vasi di coccio , armi , frammenti di ceramica con iscrizioni ebraiche, monete e i frammenti di due rotoli del **_Deuterenomio_** [bit.ly/1oXzkAu], nascosti sotto il pavimento di una piccola stanza, nella Sinagoga. Tra altri reperti è stata trovata anche un'iscrizione su un _ostracon_ (frammento di pietra o coccio) che dimostra come si dovessero pagare decime ai sacerdoti e che ci forniscono qualche indizio di come fosse organizzata la loro religione.

A ulteriore riprova che Masada fosse una residenza di Erode, sono stati trovati i cocci di un'anfora proveniente da Roma, adatta a contenere vino, su uno dei quali si può decifrare la scritta : " A Erode Re dei Giudei".

Ma ciò che più mi ha commosso durante queste mie ricerche è stato apprendere che, nell'area prospiciente il palazzo a nord, sono stati trovati 11 piccoli _ostracon_, su ognuno dei quali è scritto un solo nome. Su uno di questi si può leggere "**ben Yai'r**", forse il diminutivo di Eleazar ben Ya'ir , il capo degli Zeloti e, su ciascuno dei rimanenti, il nome di un uomo, probabilmente i nomi degli ultimi 10 estratti che dovettero uccidere gli altri e poi se stessi.

La figura che segue mostra il frammento dell'ostracon con il nome di Eleazar ben Ya'ir.

Masada: ostracon in cui figura il nome del capo degli Zeloti

La tragedia di Masada viene ricordata ancora oggi dalle giovani reclute di Israele ogni volta che giurano "mai più Masada cadrà", a significare la ferma volontà del popolo Ebraico di vivere libero nel proprio territorio.

Oggi é possibile visitare questo luogo, vicino al quale sono sorti un centro per visitatori, un museo e soprattutto è stata costruita una nuova funivia che, in tutta comodità porta alla cima dell'altopiano, permettendo così ai turisti di effettuare una visita interessantissima e godere di una vista mozzafiato.

FENICI – LIBANO

Porpora, cedri e... alfabeto

Nella Bibbia la loro terra era chiamata Canaan, luogo dove si diresse Abramo quando si separò da Lot e Cananei venivano definiti i suoi abitanti. I primi insediamenti sorsero all'incirca nel 3.000 a.C., ma le vere prime notizie si hanno quando attorno al 1.200 a.C. una coalizione armata chiamata il "popolo del mare", sconvolse politicamente e militarmente quei territori, occupandoli.

I Fenici non erano uniti da una politica comune, non avevano uno stato unico, ma ogni città era uno stato, ognuna con la "propria" politica e un proprio sovrano. Avevano però la stessa lingua, la stessa religione, la stessa cultura e _soprattutto la medesima scrittura_.

Erano un popolo di marinai, che navigarono in lungo e in largo il Mare Mediterraneo, commerciando e nello stesso tempo assorbendo quello che di innovativo trovavano nelle varie civiltà toccate.

Si può affermare che furono i primi pirati della storia. Avevano abbondanza di legno, il famoso ancora oggi "_cedro del Libano_", con cui costruivano le loro robuste navi.

Di seguito due immagini di imbarcazioni fenicie: una con i rematori e l'altra con le vele.

Fenici: imbarcazione a remi ed a vela

Ancora oggi noi usiamo il timone, l'ancora, la vela triangolare, la chiglia, i remi e la stiva per le merci, che i Fenici inventarono.

Non solo costruivano navi mercantili, ma anche veloci navi da guerra con doppia fila di remi e con uno sperone per attaccare , infatti era normale per quel popolo assalire e depredare ogni nave che si trovasse sulla loro rotta. La loro indiscussa capacità di costruzione e di manovra li rendeva praticamente invincibili, quando incrociavano le altre modeste navi che consideravano tutte alla stregua di "nemiche".

La loro grande capacità di navigare li portò addirittura fino in Inghilterra, alla ricerca delle miniere di stagno e, cosa ancora più incredibile, pare che nel VII secolo a.C., incaricati dal faraone Egizio Nechao, circumnavigarono l'Africa!

Perché noi li conosciamo con l'appellativo di "Fenici"? Esiste una spiegazione molto interessante.

A quei tempi erano conosciuti soprattutto perché erano gli unici a produrre la porpora, con il suo colore rosso particolare. La sua produzione era un segreto che non si lasciavano sfuggire. Il procedimento unico, lungo e complesso rendeva le stoffe di quel bellissimo colore rosso molto costose e quindi non alla portata di tutti: erano perciò molto remunerative per loro. Avevano anche una grande abilità nella tessitura del lino e della lana per cui le loro raffinate stoffe diventavano ancora più preziose, grazie al lussuoso color porpora.

Il nome "Fenici" deriva dunque dal greco "*Phoinis*"*,* il cui significato etimologico è "*rosso porpora*" e la cui produzione veniva ottenuta con una lunga e segreta lavorazione da particolari molluschi, i "*murici*".

Molluschi che producevano il rosso porpora dei Fenici

Una goccia sola, dal colore violaceo, viene secreta da una ghiandola del mollusco per cui, sia la pesca sia la successiva estrazione, erano allora oltremodo onerose (per pescarli i Fenici arrivarono addirittura fino alle isole Canarie, superando le famigerate colonne d'Ercole, oggi stretto di Gibilterra).

I potenti del tempo, per ostentare la loro ricchezza, acquistavano i tessuti provenienti dalla Fenicia e le signore altolocate facevano a gara per indossare i veli color porpora, permettendo così ai commercianti fenici, non solo di guadagnare con le loro vendite, ma anche di entrare in contatto con i governanti ed i ricchi personaggi a cui fornivano questi loro prodotti.

Geograficamente i Fenici erano situati a nord dell'impero Ittita, a est della valle del Tigri e dell'Eufrate, non lontani dall' Egitto, a ovest di Creta e Micene. Da queste civiltà confinanti trassero grande profitto, imparandone gli usi, i costumi e gli strumenti.

Impararono dai Micenei a *lavorare il metallo*, adottarono *l'uso dell'aratro e della ruota*, che si usavano già in Mesopotamia e dagli Egizi la *lavorazione del vetro* che, sotto il regno di Tutmosi III nel XV secolo a.C., artigiani asiatici avevano sviluppato. I Fenici poi, attorno al I secolo a.C. inventarono la rivoluzionaria e raffinata tecnica della **soffiatura del vetro**, poi diffusasi anche nei territori dell'impero romano.

Dagli Egizi impararono anche la lingua dei **geroglifici**, nonostante fosse una lingua complicatissima da scrivere e leggere, come noi oggi ben sappiamo.

Teniamo comunque presente che i Fenici erano marinai e commercianti abilissimi ed avevano la necessità di compilare in breve tempo l'elenco delle merci presenti nei loro magazzini, per poi caricarle sulle loro navi. I geroglifici, essendo troppo complicati, vennero scartati in favore di un'altra scrittura, sempre egizia, detta **cuneiforme**, che gli stessi egizi non usavano più da mille anni, perché considerata modesta.

I Fenici si accorsero dell'importanza di questa scrittura antica per scopi commerciali e **allora** compare l'uso di soli **24 segni** che rappresentavano consonanti e semiconsonanti, un modo veloce per tenere l'inventario dei loro magazzini.

Addirittura, sempre per semplificare la loro attività commerciale, rielaborarono quella scrittura ed i **segni** diventarono **22** e si leggevano da destra a sinistra. Molti impararono a leggerli e non fu più necessario ricorrere alla casta degli scribi per scriverli e decifrarli.

Ai 22 segni, uno per ogni consonante, tra il nono e l'ottavo secolo i Greci aggiunsero le vocali ed altri segni, ed ecco che **Alep, Beth, Gimel, Daleth,** lettere fenicie, diventarono **Alpha, Beta, Gamma, Delta** nell'alfabeto greco: stava nascendo il nostro **ALFABETO**!

Dall'alfabeto fenicio...

Confronto tra alfabeto Fenicio ed alfabeto Greco

Ancora oggi sono giunte a noi moltissime città fondate da questi marinai sulle coste del Mar Mediterraneo, dove si riparavano in caso di necessità e dove potevano commerciare.

Tra le altre possiamo citare: in **Sicilia** Palermo, Mozia, Erice; in **Sardegna** Sulcis e Tharros e poi ***Cartagine, Barcellona, Cadice...***

Ma quali erano le principali città fiorenti che oggi gli archeologi stanno scoprendo? Sono ***Byblos, Tiro e Sidone***, le tre città fenicie che hanno lasciato un'impronta notevole, oltre che nei resti ritrovati, soprattutto per la loro importanza e che, ancora oggi, influisce sulla nostra civiltà e sulle nostre vite.

BYBLOS: la città del papiro

Byblos, oggi Jbeil , dista 40 km a nord di Beirut. Considerata una tra le più antiche città del mondo, è la città che desidero descrivere per prima, perché per me ha un significato particolare. Amo tantissimo leggere, soprattutto i libri cartacei, mi piace sentire il profumo delle pagine fresche di stampa e, studiando questa civiltà, ho scoperto che Byblos fu il principale porto per *l'esportazione del papiro*, che già dal III millennio a. C. rappresentava un forte scambio commerciale attraverso i vari porti Fenici.

Colonne corinzie del Tempio di Balaat Gebal, protettrice di Byblos. Sul retro si trova il pozzo del RE, sorgente d'acqua del periodo neolitico

I greci, che già dal VI secolo a.C. usavano e *chiamavano il papiro Byblos*, denominarono il luogo di questo commercio "*la città di Byblos*", da cui deriva il nome *Bibbia* (che significa "libri"). Poi divenne il nome comune "*libro*" e Byblos divenne anche "*biblioteca*", termine che ancora oggi definisce per noi un insieme di libri!

Il papiro, tanto usato dagli Egizi, era diventato così molto importante anche per i commerci Fenici, per un motivo molto semplice. Poichè Byblos è anche il luogo dove si ritiene che la *scrittura alfabetica* abbia avuto il suo massimo sviluppo per poi diffondersi altrove, i popoli del Mediterraneo, entrando in contatto con i commercianti fenici, impararono a scrivere utilizzando il loro alfabeto e di conseguenza, dal X secolo a.C., la richiesta del papiro ebbe un incredibile incremento, divenendo un prezioso elemento di scambio.

Circa 3.000 anni a.C. Byblos era un piccolo villaggio di pescatori sulla costa di quella che i Greci chiamavano Fenicia. Ma questo villaggio non viveva solo di pesca: nei loro territori gli abitanti avevano la fortuna di disporre di foreste di cedri che producevano un legno pregiato e resistentissimo, adatto alle costruzioni delle navi e per questo molto apprezzato dagli Egizi, dagli Assiri, dai Babilonesi e dai Persiani.

Questo legno, menzionato anche nella Bibbia, rappresentò veramente una fortuna per gli abitanti di Byblos, poiché lo commerciavano con i Paesi vicini per la costruzione di tombe, edifici e tetti dei templi. Purtroppo nel Medio Evo parecchie foreste furono distrutte per fare posto a fattorie, poi gli Ottomani nel XIX sec. ne proseguirono la distruzione e infine, durante la seconda guerra mondiale, questo prezioso legno fu usato per fare le traversine delle strade ferrate!

Gli abitanti di Byblos, oltre a quanto citato, divennero anche abilissimi costruttori di navi e furono ottimi marinai, tanto da essere definiti addirittura *"principi del mare"* dalla Bibbia.

Byblos: Interessante è anche la loro cultura religiosa, che è la medesima in tutti i popoli fenici. I loro santuari sorgevano sulle alture circostanti le città, erano a cielo aperto, in aree delimitate da recinti con un altare per i sacrifici posto al centro e una cappella nel cui interno vi era una piccolo pilastro, chiamato "betilo" , dal termine semitico "byt'l" cioè "casa di dio". Il betilo rappresentava un dio che "non doveva" essere raffigurato con sembianze umane per la sua sacralità. Era intagliato rozzamente e non aveva iscrizioni.

Nel Tempio degli Obelischi di Byblos centinaia sono questi pilastrini che documentano una fede religiosa molto sviluppata , come possiamo notare nella immagine seguente.

Byblos: Tempio degli Obelischi

Dobbiamo anche ricordare che i continui commerci con gli Egizi portarono non solo ricchezza a Byblos, ma addirittura le religioni dei due popoli si influenzarono a vicenda. Mi riferisco al fatto che gli Egiziani avevano localizzato il corpo del loro dio Osiride, ucciso dal fratello Set, proprio a Byblos. Isis, la sua addoloratissima e devota moglie, lo aveva cercato inutilmente in Egitto per poi trovarlo sulla costa Fenicia. Le correnti marine lo avevano trascinato fin là e si racconta che intorno al corpo del defunto fosse cresciuto il tronco di un albero, probabilmente un cedro.

Nell'immagine, alcuni resti fenici dell'antica Byblos.

Byblos: resti murari di antiche costruzioni Fenicie

A Byblos venivano adorati due dei, eternamente in lotta, il ***dio del cielo Baal e il dio del mare Yamm***. Questo mito ricorda i racconti delle guerre tra ***il dio buono Horus, figlio di Osiride e il maligno dio Set***. In questo caso, chi influenzò chi? Non possiamo saperlo con certezza.

Questa città così ricca, divenne talmente appetibile che molti popoli periodicamente cercarono di impadronirsene. Fu invasa e distrutta dagli Amorrei, un popolo nomade di origine semitica, intorno al 2.000 a.C. Nel 1.725 a.C. arrivarono gli Hyksos, che avendo il sopravvento sugli Amorrei si istallarono nel territorio. Questi furono poi soppiantati dagli Egizi, nel 1.580 a.C. che portarono la loro raffinata cultura e, come già detto, dalla cui scrittura il popolo di Byblos, rielaborò l'alfabeto.

Imponenti erano le mura di protezione, come è possibile vedere nell'immagine seguente.

Byblos: le imponenti mura che difendevano la città

Piano piano la cultura si modificò, con **_Alessandro Magno_** [http://bit.ly/21dcykl] venne adottata la cultura greca, mentre **_Gneo_Pompeo_Magno_** [http://bit.ly/1L82Qhw] , nel 64 a.C. portò il modo di governare dei Romani e Byblos venne abbellita con strade, giardini, templi e terme.

Nel 395 d.C. arrivarono i Bizantini e poi nel 637 d.C. i Mussulmani che causarono purtroppo la completa decadenza della città e del suo porto.

Byblos conobbe quindi alternativamente momenti di prosperità e di decadenza.

I Mussulmani addirittura non la difesero neppure dalla guerra con i Crociati i quali la invasero nel 1.098 d.C. Restano ancora le rovine di un castello da loro costruito con enormi blocchi di pietra, ricavati da costruzioni romane, sui resti di bastioni del III millennio a.C.

Sembra che i Crociati per questa costruzione abbiano usato per la prima volta tecniche che useranno poi per gli altri castelli da loro edificati. Vedi immagine seguente.

Byblos: castello costruito da Crociati sul Mediterraneo

Riconquistata nuovamente dai Mussulmani, invasa poi dai Turchi nel 1.516 d.C. Byblos venne lasciata morire lentamente e scomparire per secoli.

Con essa morivano secoli di culture diverse, di usanze, di arte, ma Byblos ha lasciato una eredità importante e affascinante.

Sembrava che ormai fosse stata perduta, ma per fortuna nel 1860 fu riscoperta dal filosofo e storico Ernest Renan. Nel 1921 **Pierre Montet** iniziò gli scavi sistematicamente, proseguiti poi dall'archeologo *Maurice Dunand* [http://bit.ly/1TgFuZB] dal 1924 al 1975. Per la difficile situazione dei conflitti locali, ancora oggi gli scavi proseguono pur se con notevole lentezza , riportando comunque alla luce resti e manufatti di notevole interesse.

TIRO: la città di Didone

Oggi Saida, dista 88 km a sud Beirut, fu fondata nel 2.750 a.C.

Ne parla *Erodoto di Alicarnasso* [http://bit.ly/1UHhH4u] che, avendola visitata nel V secolo a.C., ne descrive il Tempio dedicato a Ercole, costruito nel 2.300 a.C. e quindi 450 anni dopo la sua fondazione.

Era una città costruita su un'isoletta rocciosa ricoperta di sabbia, con un'economia basata sui manufatti e sul commercio, mentre i suoi abitanti erano costretti ad approvvigionarsi dalla terraferma di prodotti primari, quali acqua e legna da ardere.

Di seguito la Via dei Mosaici con le superbe colonne.

Tiro: le colonne che delimitavano la Via di Mosaici

Tiro diede i natali a personaggi di rilievo che ebbero una grande influenza anche sulle civiltà confinanti.

Cadmo, figlio di Agenore, re di Tiro, fece conoscere l'alfabeto fenicio ai Greci, i quali poi lo trasformarono e lo adottarono come loro alfabeto. Cadmo fu anche il fondatore di Tebe ed era fratello di Europa, che diede il nome alla regione che noi oggi ben conosciamo.

Una curiosità: il "cadmio", metallo pesante che è utilizzato per fabbricare accumulatori ricaricabili (detti "al cadmio"), veniva estratto vicino a Tebe, ed il suo nome ci ricorda ancora oggi il suo fondatore.

Nell'immagine seguente l'Ippodromo con le sue gradinate.

Tiro: un Ippodromo monumentale di oltre 2.000 anni fa

Elissa , figlia di Mattan (detto anche Belo, un altro re di Tiro), più conosciuta con il nome di **_Didone_**, nell'814 a.C. fondò Cartagine. Della sua storia ne parleremo più avanti con la descrizione di Cartagine.

Tiro già conosciuta dagli Egizi nel XIX a.C., divenne un importante porto Siro-Palestinese intorno all'anno 1.000 a.C. e in seguito, essendosi alleata con Israele, iniziò il commercio anche verso il Mar Rosso e verso il Mar Mediterraneo.

La sua posizione e la sua ricchezza facevano gola ai popoli vicini e quindi furono ripetutamente assediati: prima dagli Assiri e poi dai Babilonesi.

Tiro: i resti di una sontuosa Palestra Romana

Nel 573 a.C. Nabucodonosor, re di Babilonia, riuscì ad espugnarla solo dopo un assedio di 12 anni, poichè la città era ben difesa dalla sua posizione di isola e inoltre aiutata dagli alleati Egizi. Riuscì a conquistarla anche Alessandro Magno nel 332 a.C. il quale, dopo sette mesi di inutile assedio, dovette costruire una strada rialzata di sabbia per poter scalare quelle mura con le sue macchine d'assedio.

La lunga e bella via Colonnata al mare, nell'immagine che segue.

Tiro: colonne che delimita la bellissima via verso il mare

SIDONE

Sidone: Castello sul mare ed il suo ingresso dalla terra ferma

Abitata fin dalla preistoria potrebbe essere la città più vecchia tra le città fenicie, infatti è stata la prima ad essere fondata sulla costa di Canaan.

Alcune notizie sulla sua fondazione e sul suo nome, possiamo desumerle dalla Bibbia: il primogenito di Canaan, nipote di Noè, si chiamava Sidan e da questi il primo sito prese il nome.

Anche in alcuni documenti egiziani scritti in geroglifico e nelle lettere di Tel el-Amarna la città viene citata ed Omero, nell'Iliade e dell'Odissea, chiama i Fenici con l'appellativo di Sidoni.

Omero elogia anche la bellezza della porpora, l'abilità degli artigiani nel costruire navi, la lavorazione del vetro e l'arte delle sue donne nel ricamo.

Nel 1855, in un sito vicino a Sidone, *è stato trovato da Aimé Péretié* , cancelliere del consolato Francese a Beirut, *un sarcofago risalente al V secolo a.C.* appartenente al *re fenicio di Sidone, Eshmunazar*. Il sarcofago è di fattura Egizia, ma l'iscrizione su di esso è la prima iscrizione scoperta in lingua Fenicia, trovata nell'area denominata proprio Fenicia.

Il sarcofago reca un'iscrizione di 22 righe scritte in cui si identifica il nome del re e si mette in guardia chiunque dal disturbarne il riposo. Il linguaggio è un dialetto Canaanita , scritto in un alfabeto fenicio, comprensibile anche con l'ebraico Biblico.

Il sarcofago oggi si trova al Museo del Louvre.

Per le sue relazioni commerciali in tutto il Mediterraneo diventò ben presto florida e grande, tanto che alcuni suoi abitanti partirono per colonizzare un altro sito che divenne poi la città di Tiro, di cui abbiamo già parlato.

Da Sidone proveniva anche un personaggio molto noto anche a noi e che è rimasto nei racconti della Bibbia: il suo nome è *Jezebel*, figlia di Etbaal (cioè Uomo di Baal), re di Sidone e moglie di *Acab* (o Ahab), *che divenne poi il settimo re di Israele*.

Sugli anni del suo regno vi è da parte degli storici qualche divergenza, designandone come inizio l'869 a.C. (o forse l'874 a.C., o ancora l'871a.C.), e la fine nell'850 a.C. (o l'853 a.C., oppure l'852 a.C.).Questo matrimonio fu il sigillo delle relazioni amichevoli tra Israele e i Fenici, ma Jezebel , che aveva una forte influenza negativa sul marito, non solo pretese che fosse eretto un altare a Baal in Samaria, ma lo convinse anche a portare il culto di Baal in Israele,perché diventasse la religione nazionale e a sterminare i profeti israeliti.

La crudele condotta di Acab e di Jezebel, che non avevano esitato a far trucidare Naboth, il proprietario di un vigneto che non aveva voluto cedere loro il proprio terreno, provocò una terribile profezia da parte del profeta Elia per la quale la linea ereditaria di Acab si sarebbe estinta, mentre Jezebel sarebbe morta divorata dai cani.

Così fu.

Tre anni dopo Acab morì in battaglia, il figlio Ahaziah morì in un incidente e suo fratello Joram venne destituito dal suo titolo di re, da Jehu, comandante del suo stesso esercito. La fine del regno di Acab si era avverata.

Dopo aver ucciso Joram, Jehu si recò al palazzo di residenza di Jezebel, dove la trovò ben vestita e truccata ad aspettarlo vicino ad una finestra, ma Jehu ordinò agli stessi suoi servi di gettarla fuori. Il suo corpo, calpestato dai cavalli e lasciato sul terreno venne quasi completamente divorato dai cani randagi. Era esattamente ciò che aveva predetto Elia.

Tornando alla storia di Sidone, essa ebbe una grande supremazia su Byblos e Tiro, fino all'inizio del 1.000 a.C. quando Tiro la superò in importanza. Sidone fu meta di molti conquistatori: Assiri, Babilonesi, Egizi, Romani e Greci.

Nel 351 a.C. fu invasa da Ataserse, imperatore dei Persiani e nel 333 a.C. da Alessandro Magno.

Nella necropoli di Sidone è stato scoperto, tra altri reperti, il sarcofago di Alessandro. Sotto la dominazione Romana potè godere di una relativa libertà e continuò a coniare la propria moneta.

Il Castello costruito dai Crociati nel 1.228 d.C.

Venne abbellita con monumenti e teatri, mentre in seguito, nel periodo dei Crociati, subì turbolenti cambiamenti sotto sempre nuovi dominatori ed infine cadde in mano ai Mamelucchi Ottomani [http://bit.ly/1QZcaXj].

Tra il XV e il XVII d.C. secolo, divenuta un porto importante per il commercio tra la Francia e la Siria, ricominciò a rifiorire.

Molte vicissitudini sembra abbiano sconvolto questa città, di cui non si hanno molti documenti. Di sicuro Sidone ha mantenuto più a lungo delle città citate un elevato benessere che si percepisce dai resti di sarcofagi di età ellenistica rinvenuti e che sono davvero di una bellezza unica.

CARTAGINE – TUNISIA

La maledizione di Didone

Dista 16 km a nord-est di Tunisi. I greci chiamavano gli abitanti di Cartagine, *"phoinikes"*, cioè Fenici (da porpora), da questo termine deriverà il nome romano *"poeni"*, e quindi *puni* da cui le ben note guerre puniche, studiate anche a scuola.

Di seguito una fotografia aerea scattata dal Centro Studi di Archeologia di Torino, mostra l'ampiezza e la bellezza del porto di Cartagine.

Come accennato in precedenza , Cartagine è stata fondata nell'814 a.C. da coloni fenici, provenienti da Tiro, infatti il suo nome deriva da *Qart-ḥadašt*, ovvero *"Città Nuova"*. Sembra che essa sia stata fondata da Elissa, cioè Didone, figlia di Mattam re di Tiro e sorella di Pigmalione, che divenne re a sua volta.

La leggenda narra che Pigmalione, assassinò il ricchissimo Sicheo, marito di Elissa, la quale ignara di quanto tramato, chiedeva invano al fratello notizie sul suo amato. Una notte però lo spirito di Sicheo apparve in sogno ad Elissa, le rivelò il luogo del suo assassinio e le consigliò di fuggire con tutti i tesori che erano stati celati in un nascondiglio segreto. Ed Elissa partì in nave e giunse sulle coste del Mediterraneo.

La leggenda narra anche che, giunta sulla sponda dell'attuale Tunisia, chiese al re di quelle terre il permesso di occupare un pezzo di terra per fondare il suo regno. Il re, non avendo intenzione di concederle molto, le regalò la pelle di un bue dicendole che le avrebbe regalato tanto terreno quanto poteva essere coperto da quella pelle. Elissa molto furbescamente la fece tagliare in strisce sottilissime e tracciando con esse un perimetro molto ampio, riuscì a coprire un'area tanto vasta da poter fondare quella che venne chiamata la "_**nuova Tiro**_", la città che divenne ben presto ricca e potente, cioè Cartagine.

Conosciamo Elissa con il nome di _**Didone**_, come ci viene raccontato da Virgilio, nella sua Eneide, dove la descrive come una donna pazza d'amore per il troiano Enea, amore che viene rappresentato in molti quadri .

Di seguito un affresco che rappresenta Didone ed Enea, ritrovato a Pompei.

Pompei: Didone ed Enea in un affresco perfettamente conservato

La regina gli aveva dato asilo commossa dal racconto della sua fuga da Troia e se ne era innamorata. Da lui ingannata e abbandonata, la leggenda racconta che Didone abbia lanciato una tremenda maledizione su Enea e i suoi discendenti, che avrebbero fondato Roma. *"Non ci sarà pace e amicizia, ci saranno guerre continue, nessun armistizio anche tra i nostri discendenti"* gridò, secondo il racconto di Virgilio, poi si trafisse con la spada e si lasciò morire sul rogo.

Di seguito alcuni monumentali resti di Cartagine.

Cartagine: maestosi resti visibili ancora oggi

La maledizione si rivelò veritiera, poiché Roma e Cartagine per secoli furono alleate e nemiche a periodi alterni. Cartagine, per le sue tradizioni fenicie, aveva interessi commerciali sulle rotte del Mediterraneo, mentre Roma, fondata nel 753 a.C. (61 anni dopo la fondazione di Cartagine) era costretta a combattere continuamente guerre sul territorio per non soccombere alle popolazioni vicine e quindi per cercare di dominare l'Italia. I loro interessi non si sovrapponevano dunque : Roma aveva un ottimo esercito di terra, Cartagine una flotta interessata al commercio nei porti del Mediterraneo Occidentale. Bisognava trovare accordi che non intralciassero le reciproche mire.

Trattati e guerre con Roma

Nello spazio di circa 308 anni, furono stipulati ben otto trattati (*Trattati Roma-Cartagine*) [http://bit.ly/1p6EWsM].

Dal primo trattato all'ottavo e ultimo, le due città-stato ebbero periodi di collaborazione e periodi di pesanti ostilità che si trasformarono in tre guerre, conosciute come "*Guerre Puniche*" [http://bit.ly/1oXA2he].

Non tutti gli storici sono concordi nella datazione di questi trattati, ma se vogliamo dare credito a *Polibio* [http://bit.ly/1OVTujn], la cronologia dovrebbe essere la seguente:

Primo trattato 509/508 a.C.: i Cartaginesi si impegnano a non invadere le terre su cui Roma voleva mantenere l'egemonia, mentre i Romani riconoscono come appartenenti a Cartagine la Sardegna, il nord Africa e la parte non greca della Sicilia (chiamata dai romani "*opulentissima praeda*").

Secondo trattato 348 a.C.: in pratica vengono aggiunte due città Tiro e Utica (situata in Tunisia) come appartenenti a Cartagine, mentre lo stato di fatto di Roma non cambia.

Terzo trattato 306 a.C.: Cartagine si impegna a non interferire negli affari di Roma in Italia e i Romani si impegnano a non toccare la Sicilia.

Quarto trattato 279/278 a.C.: alleanza stipulata contro *Pirro* [http://bit.ly/1QxDHgi], re dell'Epiro, il quale nel 279 a.C. si era scontrato con Roma uscendone vincitore. Le due parti promettono di darsi aiuto reciproco in caso di attacco nei rispettivi territori.

  * **Prima guerra punica 264 a.C./241 a.C.** [http://bit.ly/1Nh6uEY]: i Cartaginesi accorrono in aiuto dei Mamertini, soldati mercenari che devono difendere Messina, di cui si erano impossessati dopo la morte del loro "ex datore di lavoro", il tiranno Agatocle, dai Siracusani. I Cartaginesi si impadroniscono del porto di Messina e i Siracusani si ritirano. Gli infidi Mamertini a questo punto, per allontanare i Cartaginesi, chiedono aiuto a Roma che, dopo molti tentennamenti, va in loro soccorso. Ciò vìola il Terzo Trattato e Cartagine dichiara guerra, ma purtroppo perderà tutte le battaglie e dovrà sottoscrivere il Quinto Trattato.

  Quinto trattato 241 a.C.: è finita la prima guerra punica, Cartagine deve rinunciare alla ricca Sicilia, deve pagare ai Romani un'enorme somma, come risarcimento di danni di guerra e deve restituire tutti i prigionieri catturati.

  Sesto trattato   237 a.C.: Cartagine impoverita dall'enorme risarcimento dovuto a Roma, non può pagare i componenti del proprio esercito, tutti mercenari, i quali inscenano una sanguinosa rivolta che dura 3 anni. Roma, approfittando della situazione, invade la Sardegna e la Corsica e pretende un nuovo indennizzo in denaro, che Cartagine è costretta ad accettare.

  A questo proposito vorrei far notare che i Cartaginesi venivano considerati dai Romani infidi, ingannatori e acerrimi nemici, tanto che la loro locuzione *"Punica fides"*, cioè fedeltà Punica, ha ancora oggi un senso dispregiativo. Questa considerazione però è ingiusta. Come ci ricorda il già citato Polibio, storico greco vissuto a Roma, nel 509 a.C. era stato stipulato il contratto tra Cartagine e Roma nel quale i Romani si impegnavano a non sbarcare in Sicilia e nelle terre da loro occupate, mentre i Cartaginesi non dovevano invadere l'Italia. Roma però invase la Sardegna e la Corsica, approfittando della rivolta dei mercenari a Cartagine. Polibio attribuisce questo agire scorretto da parte di Roma al fatto che la lingua di quell'epoca (il latino) era molto differente dalla lingua antica e che persino esperti traduttori erano riusciti a mala pena a comprendere alcune frasi del trattato! Bella scusa!

Curiosità: qui desidero ricordare che lo storico Polibio ha inventato un sistema crittografico di "telecomunicazione" a distanza, utilizzando delle fiaccole e una tavoletta (scacchiera di Polibio) [http://bit.ly/1QujF4Z] che riporta in cinque righe e cinque colonne le singole 24 lettere dell'alfabeto greco, anticipando così il sistema Enigma [http://bit.ly/1RNaWez], usato dall'esercito tedesco nella seconda guerra mondiale.

Settimo trattato 226 a.C.: le finanze di Cartagine sono allo stremo dopo aver perso la Sardegna e aver dovuto pagare altri indenizzi a Roma. Il cartaginese **Amilcare Barca** [http://bit.ly/1nn514Z], parte per la Spagna, conquista Gades (oggi Cadice) e chiedendo a sua volta il pagamento di tributi ai popoli ispanici, riesce a rimpinguare le casse della sua madre patria. I Romani, impegnati nella conquista della Gallia, sono costretti ad accettare con questo trattato le conquiste territoriali dei Cartaginesi, limitandole al non superamento del fiume spagnolo Ebro.

*Seconda guerra punica 218 a.C./202 a.C. Cartagine, per cercare di recuperare le perdite economiche, militari e politiche (ha perso la Sicilia), inizia le ostilità. E' una guerra lunghissima, che coinvolge tutti i Paesi del Mediterraneo, con enormi perdite umane. Il personaggio più importante di questa guerra, il cartaginese Annibale Barca [http://bit.ly/1RtXvO2], figlio di Amilcare, è il condottiero che riuscì dapprima a sconfiggere le legioni romane, ma l'esito finale fu la vittoria di Roma.

Ottavo trattato 201 a.C.: con la seconda guerra punica Cartagine perde la Spagna, la sua flotta viene drasticamente ridotta, deve pagare una nuova indennità di guerra e soprattutto non può fare guerre, anche in caso di difesa, senza il permesso di Roma: questo è ciò che dice questo ultimo trattato. E questo è il motivo per cui, quando Cartagine nel 150 a.C. si ribella agli attacchi di *Massinissa* [http://bit.ly/1prnwqE], re della Numidia, perdendo però la guerra, Roma provoca la terza guerra punica. Per il Senato romano la paura che la Numidia potesse imposessarsi dei territori Cartaginesi era troppo grande, bisognava distruggere Cartagine e occupare quei territori in pericolo.

Terza guerra punica 149/146 a.C. [bit.ly/1VY0AJW]: *Segna la fine di Cartagine: "Ceterum censeo Carthaginem esse delenda"* quante volte abbiamo sentito o detto questa frase per indicare la volontà di distruggere qualcosa o qualcuno! Marco Porcio Catone [http://bit.ly/1QUaE2f] ripeteva queste parole alla fine di ogni suo discorso, dopo essersi convinto che Cartagine stesse ritornando prospera e perciò pericolosa per Roma. E nel 146 a.C. Cartagine viene distrutta dai soldati di Publio Cornelio Emiliano [http://bit.ly/1LZKJFe], dopo una tenace ed eroica resistenza. Le mura abbattute, la città incendiata, il porto distrutto e addirittura, per non fare crescere più nulla, le rovine vengono cosparse di sale.

Città ricca e crudele

Cartagine , con la sua tradizione fenicia, era una città di mercanti e proprietari terrieri che si arricchivano con il commercio e la vendita dei metalli e delle materie prime lavorate (oro, argento, ambra, avorio, rame, stagno).

Cartagine: veduta del sito archeologico

Come i loro predecessori navigarono non solo nel mare Mediterraneo, ma anche nell'Atlantico, fino alle isole Canarie. I loro vari porti di attracco dovevano inoltre pagare tributi e dogane. I suoi mercanti viaggiavano in carovane nel deserto del Sahara, a quei tempi meno arido di adesso. La loro vita era dunque un fermento di merci, contrattazioni, accordi di vendita e guadagni.

Accumularono infatti enormi ricchezze, che però non servirono a fidelizzare gli uomini del loro esercito nel momento di necessità contro l'esercito Romano. Il territorio Cartaginese era troppo ampio per essere ben controllato da soldati mercenari, che offrivano i loro servigi solo per soldi e al migliore offerente, per cui la città di Cartagine aveva avuto necessità di circondarsi di mura possenti e lunghe 32 km.

Nell'immagine seguente il quartiere punico romano sul colle Birsa.

Cartagine: quartiere punico romano

La sua popolazione era avida e preoccupata solo del proprio privato benessere. L'invidia per chi riusciva a primeggiare era molto sviluppata e faceva sì che non vi fosse una grande coesione tra concittadini. L'unico motivo che li spingeva ad unirsi era il grande odio verso lo straniero ed un grande sentimento religioso.

In effetti i cittadini più eminenti erano i sacerdoti, le cui parole avevano potere di vita o di morte. Il sentimento religioso era molto forte, gli dei controllavano gli eventi meteorologici: la pioggia, il vento, il mare , che rappresentavano gli elementi importanti per un popolo di navigatori. Le pratiche religiose dovevano essere osservate puntualmente. Tutti dovevano seguire i riti pubblici e privati per non incorrere nell'ira degli dei con conseguenze disastrose: siccità, mari troppo mossi per essere navigati e quindi commerci esigui, sterilità negli uomini e negli animali. Insomma tutto dipendeva da questi riti che i sacerdoti controllavano e per cui proponevano espiazioni anche terribili. Non avevano un codice etico e tutte le colpe si riconducevano alle offese verso gli dei.

Tra i loro riti propiziatori, uno in particolare ci lascia inorriditi: il sacrificio di bambini primogeniti (anche se sembra che di nascosto spesso le famiglie nobili sostituissero i loro figli con quelli dei loro schiavi). Ne furono sacrificati 500 a Tanit (la dea protettrice della città) e a Ba'al Hammon (il dio della prosperità) quando, minacciati dal tiranno di Siracusa Agatocle [http://bit.ly/1X1MqI7], i sacerdoti accusarono i loro compatrioti Cartaginesi di aver trascurato gli dei.

Le piccole lapidi del *Tophet* (cimitero) di Cartagine infondono un senso di inquietudine al pensiero dei piccoli corpicini dei bambini che riposano in questo luogo.

Cartagine: resti di lapidi cimiteriali

Alcune volte i bambini erano sostituiti da animali e comunque il sangue dei sacrificati sgozzati e poi bruciati, conteneva l'energia sacra e quindi assumeva una luce mistica e liberatoria.

Il dibattito su questo rito non trova ancora oggi certezze, ma sembra che il ritrovamento di un'area sacra, il "Tophet", un cimitero per bambini, con circa 20.000 tra feti e bimbi attorno ai due anni, possa dare conferma di questo terribile fatto, come <u>Diodoro Siculo</u> [http://bit.ly/1LZKUjZ] riporta nella sua Bibliotheca Historica.

Di seguito due immagini di stele del tophet: a sinistra una maschera in ceramica, oggi al Museo del Bardo di Tunisi; a destra l'immagine della dea Tanit, la dea a cui venivano sacrificati i bambini.

Immagini sacre cartaginesi con la dea Tanit a destra

Distrutta e poi ricostruita nel 29 a.C. dai Romani, Cartagine vede la sua definitiva fine con gli Arabi nel 697 d.C., che la strapparono ai Bizantini.

Oggi se ne possono visitare i resti, patrimonio Unesco, a pochi chilometri da Tunisi.

Curiosità. Ancora oggi , soprattutto in Sicilia, possiamo gustare due specialità cartaginesi: il "cuscus",   cioè la "pula punica" (come la chiama Catone)   e il "vino passito"; queste antiche ricette incontrano ancora oggi il nostro favore.

LEPTIS MAGNA – Libia

Provincia romana

Dista 130 km a sud-est di Tripoli. Posizionata sul mare Mediterraneo, è uno dei siti più belli dell'epoca Romana, divenuto patrimonio Unesco dal 1982.

Il nome Leptis deriva dal nome neopunico **Lpqi** che alcuni studiosi fanno risalire a *"**Libada**"* composta da *li* e *bada*, che indica *città del deserto*, i Romani aggiunsero poi l'appellativo di Magna, per indicarne la grandezza.

Come Cartagine anche Leptis Magna, secondo Plinio, sembra sia stata fondata dai Fenici intorno all'anno 1.000 a.C., mentre i ritrovamenti archeologici moderni sembrano ricondurla al VII secolo a.C. Era un porto naturale dove i Fenici approdavano, scaricavano, depositavano e mettevano in vendita le loro merci. La sua posizione geografica, con un lunghissimo litorale di circa 2.000 km e alla foce del torrente Wadi Labda, offriva un luogo naturale sicuro per le navi che potevano attraccare con le loro merci al riparo del vento.

Rimase sotto il ***dominio di Cartagine***, senza essere un porto importante, fino al 146 a.C., cioè fino alla fine della Terza Guerra punica, quando passò sotto il dominio Romano. L'area ovest dell'attuale Libia, divenne provincia Romana con il nome di Tripolitania, con Leptis Magna capitale e il suo porto ormai il più importante della regione. Comunque la forte influenza punica rimase a lungo su tutta la regione della **Tripolitania,** cioè la *"terra delle tre città"* che erano: Oea (oggi Tripoli), Sabratha, Leptis Magna. Divenne quasi completamente romanizzata solo alla fine del regno di Augusto.

Durante il regno di ***Ottaviano Augusto*** [http://bit.ly/21MIwtn], primo imperatore romano (63 a.C. - 14 d.C.) divenne una*"**città libera**"*, su cui il governatore romano aveva un controllo minimo. In quel periodo vi si trasferirono molti mercanti dall'Italia che iniziarono commerci profittevoli con gli abitanti del territorio interno. Anche Roma inviò qui una piccola guarnigione per controllare la città ed i coloni residenti. Leptis Magna iniziò ad avere uno sviluppo notevole e le fu permesso addirittura di coniare la propria moneta.

Città magnifica

Con l'imperatore Ottaviano Augusto iniziò quindi un'epoca di incredibile splendore che proseguì per centinaia di anni, sino alla fine del III secolo d.C., quando iniziò la sua decadenza.

Nel 9 a.C. fu costruito un imponente *mercato* sotto i cui colonnati, importanti commercianti si ritrovavano per trattare la vendita e gli acquisti delle abbondanti merci che arrivavano via mare. Il tempo era segnato da un orologio solare (meridiana), le merci erano messe in mostra su banchi di marmo, parecchie erano le botteghe sempre affollate e, cosa interessante, il tutto si svolgeva sotto il controllo di *"magistrati"*, cioè cittadini che, nella costituzione romana e greca, erano investiti del potere di comando nell'interesse della cosa pubblica (*res publica*).

Leptis Magna: resti del magnifico mercato

I commerci erano floridi e gli scambi con i vari Paesi del
Mediterraneo intensi: a riprova di ciò, nel museo di Leptis Magna è
conservata una ***tavola comparativa in pietra***, risalente al III secolo
d.C.,con incise le ***principali unità di misura*** a confronto.

La figura seguente mostra la tavola con l'indicazione delle
misure: **:** **il braccio romano o punico** (51,5 centimetri), il **piede
romano o alessandrino** (29,5 centimetri) e il **braccio greco o
tolemaico** (52,5 centimetri).

Incisione murale con le equivalenze tra le varie misure dell'epoca

Ottaviano Augusto fece costruire anche il ***Teatro*** su una necropoli
punica risalente al periodo tra il V e III secolo a.C., come ci
ricordano alcune iscrizioni apposte da diversi cittadini di allora.
Intorno al II secolo d.C. il teatro fu abbellito con un palcoscenico in
marmo e un proscenio con un triplice ordine di colonne. Furono
posate sculture e statue di imperatori e di divinità (Bacco ed Ercole).

Una balaustra in pietra divideva le gradinate riservate alle autorità da quelle del pubblico.

Leptis Magna: resti del teatro romano

Con ***Tiberio*** (42 a.C.- 37 d.C.) [http://bit.ly/21deIAw], secondo imperatore romano, la città divenne parte della provincia romana d'Africa, assumendo in breve una grande importanza come avamposto commerciale.

Durante il regno di ***Nerone*** [http://bit.ly/21PWOWB], circa tra il 61 e il 68 d.C., Leptis Magna venne nominata "**<u>Municipium</u>**" (da ***munia,*** doveri e ***capere***, prendere), cioè potè assumere gli stessi doveri e diritti del popolo Romano, seguendo lo stato giuridico della "***<u>civitas</u>***" (sistema politico) di Roma.

Nel 62 d.C. il porto naturale fu ampliato: sulla banchina furono costruiti due livelli con scale di raccordo. La banchina più bassa serviva per gli imbarchi e gli sbarchi di merci e passeggeri; la banchina superiore ospitava i magazzini e i depositi degli attrezzi. Le merci più richieste erano, oltre alle spezie, ai cavalli, agli animali selvaggi dell'interno dell'Africa, anche gli schiavi!

I commercianti erano molto superstiziosi e per scacciare eventuali sventure augurate loro da concorrenti, facevano scolpire immagini falliche che allora venivano considerate di protezione contro il malocchio.

Leptis Magna: simbolo fallico a protezione contro il malocchio

Adriano (76 d.C. - 138 d.C.) [http://bit.ly/21MIWQg], l'imperatore adottato sembra da Traiano e che regnò dal 117 al 138 d.C., amava controllare di persona i territori per rendersi conto di eventuali problemi militari ed amministrativi, cercando nello stesso tempo di migliorare anche la vita nelle Province. Durante uno dei suoi viaggi per visitare il vasto Impero Romano, si rese conto che a Leptis, già nel 119 d.C., era stata portata l'acqua nella città, a spese di un cittadino e che l'entusiasmo di tutti gli abitanti era tale che erano sorte fontane un po' dappertutto, senza che ci fosse uno schema prestabilito e solo per il piacere di vedere scorrere l'acqua fresca. Così diede ordine di costruire le **grandiose Terme** secondo i canoni Romani con la palestra, la piscina, il frigidarium e il calidarium, abbelliti da marmi, mosaici e colonne. Parecchie erano le statue che occupavano le nicchie, alcune delle quali sono ora al museo di Leptis e di Tripoli.

Leptis Magna: resti delle Terme romane

Ma fu un altro imperatore romano, nato proprio a Leptis Magna, a dare importanza, splendore e ricchezza a questa città: ___Lucio Settimio Severo___ (146-211 d.C.) [http://bit.ly/1RNby3L] che regnò dal 193 d.C. fino alla sua morte.

Era di famiglia benestante, padre di origine puniche e madre romana appartenente alla famiglia illustre **_gens Fulvia_**. Settimio Severo proprio per questa sua discendenza parlava latino con accento Punico.

Si trasferì a Roma a 18 anni e, dopo una lunga carriera politica e militare, diventato imperatore, non dimenticò le sue origini favorendo la città che gli aveva dato i natali rispetto alle altre della provincia d'Africa, tanto che essa divenne in breve la terza città più importante in Africa, rivaleggiando con Alessandria e Cartagine.

Sicuramente Settimio Severo intervenne nella costruzione degli splendidi edifici con uno speciale intervento affidato al fedele Lucio Fulvio **_Plauziano,_** da lui molto ben visto , nominato prefetto e anch'egli nato a Leptis Magna.

Per inciso dobbiamo qui ricordare la triste storia di Plauziano [http://bit.ly/1nn6ici], divenuto suo consuocero, avendo la figlia Fulvia Plautilla sposato _**Caracalla**_ [http://bit.ly/1TWdrP3], figlio di Settimio Severo, nel 202 d.C.

Per la grande influenza che aveva sull'imperatore, Plauziano fu ritenuto dallo stesso Caracalla talmente pericoloso da essere accusato di tradimento e di aver organizzato l'assassinio di suo padre Settimio Severo. Nel 205 d.C. Plauziano fu quindi ingiustamente condannato a morte con ignominia, tanto che il suo nome venne cancellato da tutte le iscrizioni e tutte le sue statue furono distrutte. Non contento di ciò Caracalla , che aveva già eliminato il fratello Publio Settimio Geta per impadronirsi del trono e diventato imperatore alla morte di suo padre Settimio Severo, nel 211 d. C., fece uccidere anche la moglie Fulvia Plautilla.

Bisogna dare atto che molte delle opere di pubblica utilità che Settimio Severo fece realizzare furono possibili anche per l'aiuto fattivo di Plauziano e ciò probabilmente fu una delle cause dell'invidia che Caracalla provava per lui.

Prima per importanza fu la canalizzazione del torrente Uadi Lebda. Fu creato anche un lago artificiale portando le acque del fiume Uadi Caam con un acquedotto sotterraneo lungo 19 km, che riforniva in questo modo abbondante acqua alla città. Con quest'acqua, tra le altre cose, fu realizzata una _**fontana monumentale**_ dedicata alle Ninfe, arricchita di colonne, marmi e statue.

Il terreno circostante irrigato permise la coltivazione di cereali e olive da cui si ricavava un ottimo olio: tutta merce che veniva spedita a Roma.

Particolare attenzione fu dedicata a rimodernare il _**porto**_, che sorgeva alla foce del torrente Uadi Lebda. Non solo il porto venne allargato, ma vennero anche costruite dighe e cascate per arginare e controllare il corso del pericoloso torrente che sfociava nel mare Mediterraneo. Enormi blocchi di pietra furono posati al suo imbocco per difenderlo dalle mareggiate, il promontorio a nord del fiume fu prolungato di circa 100 metri e rafforzato con blocchi anch'essi di pietra, collegati tra loro con morsetti di bronzo. Furono anche costruite altre banchine per il carico e scarico delle merci e un **_grande faro ottagonale_**, che segnalava da lontano e di notte ai mercanti il grande porto sicuro di Leptis Magna.

Una imponente **_Basilica_** con una sala a tre navate di 30 metri venne costruita a nord est del nuovo foro. Su alcuni pilastri sono incise le dodici fatiche di Ercole, che insieme a Bacco, era nume tutelare della famiglia dei Severi. La costruzione iniziata sotto Settimio Severo, venne completata nel 216 da suo figlio Caracalla . Nel VI secolo venne trasformata in chiesa cristiana da Giustiniano.

Di seguito uno scorcio della Basilica di Settimio Severo.

Leptis Magna: Tempio dedicato a Bacco poi trasformato in Basilica Cristiana

Il centro della città venne ridisegnato secondo uno splendido progetto, un nuovo **_Foro_** che divenne la piazza centrale, con pavimenti in marmo e circondata da arcate adornate da medaglioni raffiguranti la dea Vittoria, da immagini della Medusa e da statue di cui esistono ancora i basamenti.

Nel 203 e 204 d. C., Settimio Severo soggiornò a Leptis Magna, dove venne accolto trionfalmente dai suoi concittadini, che vollero ringraziarlo accogliendolo con un imponente **_Arco di_**

**Trionfo**. Oggi gli archeologi stanno recuperando il monumento costituito da quattro pilastri che sorreggono una cupola. Interessanti sono i simboli scolpiti della Roma Imperiale, cioè le aquile con le ali spiegate, i pannelli che raffigurano Settimio Severo col figlioletto Caracalla e le scene dei riti sacrificali e delle campagne militari.

Leptis Magna: Arco di Settimio Severo e un particolare dei suoi bassorilievi

Molte altre costruzioni sono oggi visibili: la ***via monumentale*** diretta al porto, con portici e colonne, la ***basilica dei Severi*** e l'***Ippodromo***.

Dall'immagine aerea si possono notare in alto il **teatro** e in basso l'**Ippodromo**, lungo il mare.

Leptis Magna: veduta aereo dell'Ippodromo

Degni di nota sono anche: il ***tempio dedicato a Venere*** ed edificato in onore di Augusto, il ***Foro vecchio*** (alcune strutture sono risalenti al periodo fenicio punico), l'***arco di Tiberio*** , ***l'arco di Traiano*** e le ***Terme dei cacciatori***.

Purtroppo con il declino dell'Impero Romano, anche Leptis Magna conobbe la decadenza. Verso la fine del III sec. d.C. le rotte commerciali si spostarono verso l'Oriente e a metà del IV secolo la città venne quasi completamente abbandonata.

Alla fine dello stesso secolo,Teodosio la fece rivivere per qualche tempo, ma nel 439 d.C. il re Genserico, con i suoi Vandali la invasero. Il commercio cessò, il porto cominciò ad insabbiarsi e i cittadini abbandonarono la città. Inoltre le mura, durante una battaglia, furono abbattute per fiaccare la resistenza dei cittadini: questa fu un'arma a doppio taglio perché, divenuta facile preda, nel 523 fu devastata dai Berberi e abbandonata alla sabbia. Dieci anni dopo Belisario, re bizantino, la conquistò, vennero riattivate e ripulite alcune strade, ma il porto aveva ormai perso la sua importanza e la città non riuscì più a risorgere.

Venne definitivamente abbandonata, dopo essere stata conquistata dagli Arabi, intorno all'anno 650 d.C.

Piano piano la bella Leptis Magna scomparve sotto la sabbia, divorata dal mare e dalle alluvioni. Depredata da tutti i popoli che la invasero, nel XVI secolo *molte delle sue colonne furono portate vicino a Tripoli per adornare una moschea. Negli anni tra il 1600 e 1700 altre colonne vennero portate a Parigi e ancora oggi adornano la chiesa di St.Germain de Prés.*

La sabbia ha fortunatamente quasi completamente nascosto le sue rovine, proteggendole dalle ruberie, per cui una gran parte di queste opere si sono conservate, poichè nessuno si interessò più a questo sito. Nel 1920 furono fatti alcuni scavi, poi abbandonati. Da allora per anni non furono fatte ulteriori ricerche, anche per la difficile situazione politica che non permetteva di visitare questo sito con facilità.

Solo nel 1969 è stata istituita la Società degli Studi libici, facente parte dell'Istituto Britannico all'estero (con sede a Londra presso l'istituto Archeologico di Londra), e nel 1994 il *Dr. Hafed Walda* [http://on.fb.me/24JdNfQ], nato in Libia, professore al Kings College di Londra, affiancato da archeologi esperti, ha iniziato nuovi scavi.

Villa Silin, Leptis Magna

E' d'obbligo fare anche qualche accenno a questo splendido sito, identificato, nel 1976 a poca distanza da Leptis Magna: è una bellissima villa romana affiorata dalla sabbia, lasciando esterrefatti coloro che l'hanno scoperta.

Il suo nome deriva sicuramente da Selene, la dea della luna. Sono già state scavate 46 stanze, ma ancora c'è molto da scoprire.

E' situata sulla riva del mare e comprende, tra le altre stanze, un terrazzo enorme, le terme abbellite da una cupola visibile anche dall'esterno, una sala (**triclinium**) da pranzo invernale e una estiva, camere da letto, una biblioteca.

Un grande giardino (**peristylium**) circondato da colonne è rivolto verso il mare Mediterraneo.

Come in tutte le case romane, la luce proveniva da un foro nel soffitto, che permetteva all'acqua piovana di essere raccolta in un piccolo bacino (**impluvium**).

Molti gli affreschi e i mosaici, conservati praticamente in modo perfetto, che rappresentano scene di combattimento, animali diversi, momenti di divertimento, Helios il dio del sole, le quattro stagioni immaginate come donne.

Nell'immagine seguente si può notare un affresco con due lottatori.

Leptis Magna: affresco perfettamente conservato di Villa Silin

Il mosaico che segue raffigura il Circo di Leptis Magna, con i carri e
i cavalli che hanno iniziato la gara di corsa.

Leptis Magna: i magnifici cavalli raffigurati nel mosaico di Villa Silin

Per ultimo il magnifico mosaico con l'immagine di un coccodrillo.

Leptis Magna:mosaico di Villa Silin con il feroce coccodrillo

Sicuramente chi abitava in questa villa poteva godere di uno
splendido panorama e di una lussuosa e invidiabile abitazione con
tantissime comodità...

BAALBEK - LIBANO

Città dei santuari

Dista 85 km a nord-est di Tripoli e 75 km a nord di Damasco, ad una altitudine di circa 1.100 metri , nella valle della Beeka. Dal sito si possono scorgere i monti imbiancati che hanno dato il nome al Paese, infatti in aramaico "laban" significa bianco come il latte, da cui deriva il nome "Libano".

E' patrimonio Unesco dal 1984 ed è il sito *del più grande santuario del mondo Romano*.E' conosciuta anche con il nome di Heliopolis, cioè "città del sole", da non confondersi con l'omonima Heliopolis, città in Egitto.

Nell'immagine seguente una veduta aerea del magnifico sito archeologico.

Baalbek: veduta aerea del sito con i templi ben visibili

Il sito è antichissimo, risalente addirittura alla prima età del bronzo (tra il IV e il III millennio a.C.) di cui sono stati trovati resti di terracotta, ed è proseguito fino all'età media del bronzo (circa il 1.950 e il 1.600 a.C.). L'insediamento originario si trovava su una collina e dovette essere da sempre considerato un luogo adibito ad un culto sacro, se anche i Romani costruirono un piccolo altare esattamente sulla sua sommità.

Si pensa che il nome Baalbek riveli la natura del culto originale, cioè dal semitico **Ba'al Nebeq "signore della fonte"**, ed in effetti, a 800 metri a sud-est del tempio, esiste una sorgente chiamata oggi **Ras al-Ain "testa della fonte",** la cui acqua veniva allora usata nei templi.

Il suo significato potrebbe anche essere **Baal "signore" della Beeka**, cioè della valle di Beeka. Ricordiamo anche che Ba'al venne identificato con il siriano Hadad, dio della fertilità, della pioggia, dei tuoni e i fulmini.

Dopo la morte di Alessandro Magno nel 323 a.C. Baalbek divenne parte dell'impero di Tolomeo I, che la rinominò Heliopolis.

Nel I secolo a.C. entrò nella sfera del dominio romano, quando fu annessa dal generale Pompeo a quella che allora era la provincia Siriana, oggi Libano. Divenne poi colonia sotto l'imperatore Augusto.

Sotto l'impero romano faceva dunque parte della ricca *"provincia siriana"*, che comprendeva oltre a Baalbek-Heliopolis, bellissime città quali ***Damasco in Siria*** e ***Antiochia oggi in Turchia***.

Antiochia spiccava su tutte: era adornata di giardini, parchi, ville e fontane. L'acqua, bene prezioso e scarsa altrove, scorreva fresca e limpida in abbondanza nelle tantissime fontane di quella città e addirittura arrivava nelle case. La notte era illuminata a giorno da migliaia di lanterne e numerosi erano i divertimenti di ogni genere. Famosa soprattutto era la presenza di donne di spettacolo: erano suonatrici di strumenti, ballerine e attrici il cui apparire in scena veniva giudicato come un segno di dissolutezza per gli altri abitanti dell'impero, considerando il fatto che sino ad allora, a Roma e in Grecia, i personaggi femminili in teatro erano sostenuti solo da attori maschi.

Baalbek invece divenne famosa per i suoi tre santuari, meta di numerosi pellegrini che veneravano la *"**triade romanizzata di***

Heliopolis" cioè un culto essenzialmente fenicio: Giove, Mercurio e Venere.

Nell'immagine le sei colonne rimanenti del Tempio di Giove, in posizione arretrata il Tempio di Bacco e sullo sfondo le montagne del Libano.

Baalbek: Tempio di Giove e Tempio di Bacco

Il Giove di Baalbek, era detto "*il migliore e il più grande Giove, di Heliopolis*", lo stesso che adoravano a Roma, in Campidoglio, signore delle fonti, della pioggia, dei fulmini, ma più grande, per cui divenne anche un oracolo, con la capacità di predire il futuro.

Il filosofo Ambrogio Teodosio Macrobio, nella sua opera *Saturnalia* [http://bit.ly/1L846ks], racconta che la statua di Giove, in ogni sessione dell'oracolo, veniva posta su una lettiga e i portantini, intuendo la volontà del dio e sotto la sua influenza, prendevano inconsciamente tutti una stessa direzione, quindi non decisa preventivamente e questa direzione aveva un significato particolare e misterioso che solo i sacerdoti erano in grado di interpretare.

Macrobio narra anche la predizione fatta nel 116d.C. all'imperatore Traiano.

L'imperatore, prima di partire per una spedizione contro i Parti, un popolo stanziato in una zona della Persia, si recò a Baalbek per interrogare l'oracolo. Per saggiarne la serietà, mise un foglio bianco dentro una busta sigillata e la inoltrò all'oracolo; gli venne restituita un'altra busta sigillata con all'interno un altro foglio bianco. La domanda non era degna di risposta! Traiano allora chiese ciò che veramente gli interessava e cioè quale sarebbe stato l'esito della sua spedizione. L'oracolo gli rispose, naturalmente in modo criptico, con una fascina di rami secchi avvolti in un panno bianco, l'esito sembrava positivo e quindi Traiano partì per la sua spedizione che ebbe successo. L'anno seguente però, mentre era in Cilicia per preparare una nuova guerra contro i Parti, si ammalò e morì forse per un infarto e il suo corpo riportato a Roma in un bianco lenzuolo funebre. I rami secchi e il lenzuolo prevedevano quindi la sua morte: l'oracolo non aveva mentito …forse era stato male interpretato!

Baalbek continuò a fiorire negli anni fino a quando, nel IV secolo l'avvento del Cristianesimo nella città, segnò il declino del culto di Giove. Alla fine del V secolo i Cristiani furono perseguitati, ma a dispetto delle persecuzioni, il Cristianesimo ebbe poi il sopravvento e furono costruiti sul sito della grande Corte una chiesa e una cupola. In quel periodo addirittura si attribuì l'intero complesso di Baalbek a Salomone, poiché i Cristiani non potevano e non volevano credere che i pagani avessero potuto costruire un sito così bello e monumentale.

Comunque il culto del dio dei fulmini continuò sotto altre forme. Si narra che Santa Barbara, invocata come protettrice contro i fulmini, figlia di Dioscoro, un dignitario pagano di Baalbek, sia stata uccisa dal proprio padre quando questi seppe che era stata battezzata e quindi era diventata cristiana. Male gliene incolse: Dioscoro morì ucciso da un fulmine e il suo corpo bruciato dalle fiamme ! Ancora oggi Santa Barbara è la protettrice dei pompieri.

Giovanni da Efeso, nella sua Storia Ecclesiastica, racconta la terribile fine degli ultimi pagani rimasti a Baalbek, fatti crocifiggere sotto l'impero di Tiberio II Costantino (578-582 d.C.), da un ufficiale di nome Teofilo, perchè sembra che essi avessero deciso di uccidere tutti i loro concittadini Cristiani.

Baalbek venne poi conquistata dagli Arabi nel 634 d.C. che costruirono le mura attorno al sito e sul vecchio foro, la Moschea dei Mamelucchi, uno dei luoghi più vecchi del culto del mondo Islamico.

La chiesa e il tempio furono in seguito abbandonati e distrutti. Rimangono molto evidenti i resti che denotano la trasformazione del luogo da parte dei Saraceni trasformato in una fortezza che doveva proteggerli dai Crociati.

Nel 1898 *l'imperatore Guglielmo II* partì con la moglie per un viaggio in Palestina e in quell'occasione, il 1° Novembre passò proprio da Baalbek, i cui resti attrassero la sua attenzione. Rimase stupito dalla bellezza dei resti romani, in contrasto con la miseria delle residenze della città i cui abitanti non tralasciavano di razziare quelle preziose pietre per costruire le loro case. Inviò quindi l'architetto *Robert Koldewey* per fare indagini approfondite sul sito. I lavori di scavo vennero iniziati nel giro di un mese. A lui si aggiunse l'archeologo *Puchstein* che, lavorando in loco fino al 1904, riportò alla luce due templi, come descritto nella sua *opera del 1905 "Führer durch die Ruinen von Baalbek"* (Guida attraverso le rovine di Baabek).

Sotto il lastricato romano della **_Grande Corte_** sono venuti alla luce tre scheletri e un frammento persiano di terracotta con una iscrizione in caratteri cuneiformi, datato dal VI al IV secolo a.C.

Baalbek: immagine oggi dei resti della Grande Corte

Templi e megaliti misteriosi

Costruite sulle vestigia fenicie, le rovine Greco-Romane rivestono un valore artistico e architettonico incommensurabile. I numerosi templi dell'acropoli romana, risalenti al II e III secolo sono stati costruiti su una piazza già esistente formata **_da ventiquattro enormi megaliti_** e testimoniano la grande ricchezza e potenza raggiunta dall'impero Romano.

I templi fanno parte di un complesso monumentale e religioso, che riflette perfettamente la fusione degli dei del **_pantheon (cioè l'insieme delle divinità romane)_** con le precedenti credenze fenicie: ciò avviene attraverso una graduale metamorfosi di stili nell'intaglio delle pietre dei templi.

Il **_Tempio di Giove Eliopolitano_** che erroneamente si pensava fosse dedicato a Helios, il dio dell'astro solare nella religione greca, è situato nella parte ovest della Grande Corte:

costruito su una *__piattaforma,__* era raggiungibile con una grande scalinata.

Approfondiremo più avanti i particolari di questa piattaforma e del "*Trilithon*", un trio di tre incredibili megaliti.

Il tempio è' circondato da un **peristilio** (cioè *portico* con colonnato che divenne poi il *chiostro* delle chiese cristiane) abbellito originalmente da 58 colonne corinzie, alte 23 metri: 10 sorgevano sul davanti, 10 sul retro e 19 su ciascuno dei due lati. Nonostante il tempio sia stato depredato dall'imperatore Teodosio per ricavarne pietre; spogliato da Giustiniano che portò *__otto delle sue colonne a Istanbul e installate nella Basilica di Santa Sofia__*; distrutto insieme alla maggior parte degli antichi edifici da un terribile terremoto nel 1759, fortunatamente sul fronte di esso *__rimangono ancora integre 6 colonne.__*

Baalbek: i resti delle maestose Colonne di un Tempio

Il *__Tempio di Bacco__* è adiacente al tempio di Giove, straordinario per le sue dimensioni anche se costruito in scala minore, è riccamente decorato con sculture di Bacco intagliate sulle sue porte monumentali. Misura 70 metri di lunghezza per 36m. Aveva e, ancora oggi, ha 42 colonne dell'incredibile altezza di 40 metri.

Esterno del monumentale Tempio di Bacco.

Baalbek: Tempio dedicato a Bacco

Baalbek: interno del Tempio dedicato a Bacco

Di seguito, bassorilievo all'interno del Tempio di Bacco che, secondo alcuni esperti, raffigurerebbe la regina egiziana Cleopatra con il serpente.

Baalbek: Tempio di Bacco con bassorilievo dedicato a Cleopatra

Il ***Tempio di Venere*** ha una originale struttura rotonda con un diametro di 14 metri, differisce dagli altri templi per le sue dimensioni più contenute e per le linee armoniose e raffinate. Rimangono solo alcuni frammenti e poche colonne.

L'***Odeon,*** (dal Greco *ōideîon,* cioè teatro destinato alla musica) situato a sud dell'acropoli in un luogo chiamato Boustan el Khan, fa comunque parte di Baalbek.

Baalbek: Odeon, Teatro destinato alla musica

Il ***Tempio di Mercurio***: purtroppo di questo tempio costruito su una collina sono rimaste solo le vestigia delle scale intagliate nella roccia.

Baalbek: resti del Tempio dedicato a Mercurio

Consiglio la visione del sito web **Immagini di Baalbek** [http://bit.ly/1TwtNOo], che mostra una chiara ricostruzione della pianta dei Santuari.

Ciò che lascia ancora oggi perplessi gli studiosi del sito sono *i tre misteriosi megaliti* della parte nascosta ovest della piattaforma del Tempio di Giove, che sono tra i manufatti più grandi mai costruiti da mani umane. Non sembra siano stati costruiti dai Romani, ma da una cultura precedente con un'idea di grandezza a noi sconosciuto.

Nell'immagine il particolare dei tre megaliti.

Baalbek: Tempio di Giove costruito su tre giganteschi megaliti

Sono conosciuti con il nome di *"trilithon"*, dal greco *"tre pietre"* giganti, ciascuna delle quali pesa circa 900 tonnellate ed esse sono tra i più grandi antichi monoliti di tutta la storia umana. Le dimensioni di ciascuna sono davvero imponenti: m. 21x 4,87 x 4.

Nell'immagine i tre megaliti evidenziati, sopra la piattaforma composta di 24 blocchi.

*Baalbek: altra vista del Tempio di Giove con evidenziati i tre megal**ati***

Al di sotto di essi, si trova un enorme contenitore di 24 blocchi del peso di 400 tonnellate, a forma di U. Si sono fatte molte congetture su come siano state trasportate queste enormi e pesantissime pietre, ma nulla si è ancora trovato di preciso.

Nell'immagine seguente si può notare il tunnel ricavato all'interno dei blocchi della piattaforma.

Baalbek: Tempio di Giove, particolare dell'ingresso al tunnel

Oltretutto in una cava di calcare a circa 400 metri dal sito giace ancora, che sembra in attesa che qualcuno la trasporti, la famosa

"Pietra del Sud" o *"La pietra della Donna Incinta"* (Così chiamata poichè si credeva avesse la proprietà di favorire la fertilità nelle donne che la avessero toccata) del peso di circa 1.000 tonnellate, ritenuta per anni la pietra più grande del mondo, sino a che, negli anni '90 scavando sotto di essa, se ne è trovata una ancora più grande che, una volta portata alla luce completamente, potrebbe rivelare un peso addirittura superiore alle 1.200 tonnellate.

In questa vecchia fotografia la dimensione del gigantesco monolite, *la pietra del Sud,* è messa a paragone con dei cammelli ... da questa immagine è facile capire la citata meraviglia dei moderni archeologi.

Baalbek: Pietra del Sud, il megalite ritrovato nel luogo in cui fu intagliato

Molti studiosi si stanno ultimamente cimentando nel fare supposizioni su come questi megaliti siano stati intagliati con tanta maestria da poter essere accostati in una fila così perfetta che, tra una fila e l'altra, non solo non c'è traccia di malta, ma non c'è neppure lo spazio per fare passare un foglio.

Molte supposizioni sono anche state fatte per quanto riguarda il loro trasporto, ma nessuna ipotesi porta ancora oggi alla soluzione.

Ne parla ampiamente lo scrittore <u>Alan F. Alford</u> [http://bit.ly/21MJV38] che, dopo aver interpellato il direttore tecnico di una delle più grandi società di noleggio di gru in Gran Bretagna, in un suo saggio dimostra che sarebbero necessarie gru super moderne, per potere spostare quelle pietre, macchinari impensabili a quei tempi.

Già nel 1977, Jean-Pierre Adam , aveva condotto un breve studio dove suggeriva come la maggior parte dei grandi blocchi avrebbe potuto essere spostato con macchine su rulli, usando argani e carrucole, un processo che dovrebbe utilizzare almeno 512 lavoratori per spostare un blocco di 557 tonnellate e cioè circa 243 tonnellate in meno del peso dei blocchi del trilithon. Processo poco credibile.

Nessuna soluzione quindi, ma non possiamo certamente credere ad alcuni racconti fantasiosi che vogliono dimostrare come il Trilithon sia in effetti una piattaforma usata da astronavi aliene per atterrare sulla Terra millenni di anni fa, o una specie di osservatorio astronomico alieno.

Aspettiamo comunque fiduciosi che qualcuno risolva questo mistero!

Babilonia - Iraq

Storia straordinaria

Oggi Al Hillah 80km a sud di Bagdad

1894 a.C.- 539 a.C.

Babilonia, città ricca e idolatra, sotto il regno di Nabucodonosor, soggiogò il popolo di Israele.

Contrapposta a Gerusalemme e quindi in contrasto col Dio degli Ebrei, Babilonia adorava i suoi dei pagani. Era la città dove il popolo di Dio venne tenuto in schiavitù e oppresso, anche se sembra che ciò non fosse proprio vero. Per questo motivo, sia nel Vecchio Testamento che nel Nuovo Testamento, Babilonia è stata colpita con anatemi che minacciavano castighi di Dio.

Definita nel 17° capitolo dell'Apocalisse di Giovanni "la grande meretrice", viene rappresentata spesso come una prostituta (***Babilonia***) in groppa ad un mostro a sette teste (***Roma con i sette colli***), volendo significare che essa ha avuto la capacità di sedurre molti re e popoli e condurli ad una vita lussuriosa, abbagliandoli con la sfarzosità , la dottrina religiosa idolatra e la sua immoralità.

Ecco come raffigura il pittore inglese William Blake, nel 1809, Babilonia seduta in groppa a Roma.

British Museum: Raffigurazione di Babilonia in groppa a Roma

Ancora oggi siamo stupefatti da queste raffigurazioni e dalle leggende che la tramandano come una città misteriosa e meravigliosa, con costruzioni da togliere il fiato per la loro grandiosità e bellezza.

Sempre nell'Apocalisse, nel 18° capitolo, viene definita, seppure in senso dispregiativo, *"**Babilonia la grande**"* , il che ci conferma quanto indicato da alcune ricerche e cioè che essa sia stata la prima metropoli nella storia, già allora popolata da circa 200.000 abitanti.

L'artefice di tutto questo fu principalmente il re Nabucodonosor II, grande costruttore, il quale volle fosse impresso il suo nome su ogni singolo mattone del suo palazzo.

Babilonia: iscrizione Nabucodonosor II su mattone da costruzione

Babilonia era quindi una città cosmopolita e un centro di traffici commerciali e culturali, con una grande varietà di persone, locali e straniere che popolavano le sue strade, dritte ed ampie, che si incrociavano perpendicolarmente. Ognuna era dedicata ad una divinità del luogo, dal *dio Marduk protettore della città, al dio del Sole Shamash, al dio della Luna,* e così via...cioè possiamo dire che i Babilonesi abbiano inventato un sistema per gli indirizzi delle strade che noi usiamo ancora oggi!

Numerosi erano i templi che si affacciavano su di esse e poiché i cittadini offrivano agli dei doni che venivano subito rivenduti (i sacerdoti naturalmente preferivano le monete!) e, poiché questi doni consistevano soprattutto in derrate alimentari che dovevano essere smerciate velocemente (non c'erano i frigoriferi!), le sedi delle botteghe per la rivendita erano posizionate proprio in queste case degli dei.

Molti erano gli ebrei che brulicavano nelle strade di Babilonia, dopo che molti abitanti di Gerusalemme erano stati deportati come schiavi da Nabucodonosor in seguito alla distruzione del Tempio di Salomone, nel 587 a.C., azione questa che verrà tramandata come la crudele *Cattività Babilonese.*

Al contrario di quanto si afferma, sembra che gli ebrei venissero trattati con tolleranza, in quanto partecipavano alla vita della città, ma non si integrarono mai con le usanze Babilonesi: la loro religione non poteva certo condividere il culto di tanti dei con relativi templi, altari , cappelle etc.

Nella Bibbia, nel Vecchio Testamento, dopo Gerusalemme, Babilonia è la città più citata perché continuamente contrapposta al popolo degli ebrei e, come abbiamo già citato all'inizio, è addirittura indicata come la capitale del peccato, tenendo presente anche il ruolo davvero poco gratificante che avevano le donne, totalmente contrario al pensiero israelitico.

I deportati ebrei, rimasero sempre uniti nella loro religione e nella loro etnia, pur imparando a commerciare ciò che avevano prodotto sino ad allora: artigianato e allevamenti di bestiame. Avevano trovato un ambiente confortevole, molto diverso da ciò che avevano lasciato, avevano imparato moltissimo da questa civiltà , eppure vissero sempre con la nostalgia della loro terra.

Ce lo ricorda anche ***Giuseppe Verdi*** [http://bit.ly/1Tyi1Dr] nella sua opera ***Nabucco,*** quando sulle rive dell'Eufrate, gli ebrei cantano "***Va, pensiero*** [http://bit.ly/1RNbZLt]***, sull'ali dorate… del Giordano le rive saluta, di Sionne le torri atterrate…***" (Sionne indica Gerusalemme).

Il Tempio di Gerusalemme venne poi ricostruito nel 515 a.C. quando il re Persiano Ciro il Grande, sconfitta Babilonia lasciò liberi gli ebrei di tornare alla loro città; eppure parecchi di essi decisero di rimanere. Abbellito e arricchito, nel 70 d.C. il Tempio fu di nuovo distrutto da Tito e, nel 130 d.C., Gerusalemme fu definitivamente rasa al suolo dall'imperatore Adriano.

Il ruolo della donna babilonese

Particolare era il ruolo della donna che, non solo non aveva gli stessi diritti degli uomini, ma non poteva sposarsi se prima non fosse andata al tempio di_Ishtar (dea dell'amore, accomunata alla dea Afrodite)_ ad aspettare uno straniero che le offrisse del denaro (che veniva poi devoluto al tempio) per fare con lei l'amore e toglierle la verginità. Chi rimaneva vergine non poteva sposarsi!.

Naturalmente, come riferisce ***Erodoto*** nel primo libro delle sue Storie, le belle tornavano in breve tempo a casa per sposarsi, mentre le brutte poverine rimanevano al Tempio anche anni!

Le donne erano considerate esseri inferiori , utili solo per la riproduzione e il piacere.

Erodoto narra anche un'altra usanza per noi inconcepibile.

Una volta l'anno le fanciulle da marito venivano radunate e messe all'asta e gli uomini che intendevano sposarsi si mettevano in circolo per osservarle e valutarle. Un banditore presentava la ragazza più bella del gruppo ed essa veniva venduta al miglior offerente che naturalmente era il più ricco. Poi si passava alla prossima, sempre in ordine decrescente di bellezza e così via via.

Restavano le più brutte, le quali venivano messe all'asta con l'accompagnamento di una somma, una specie di dote, ricavata dalla vendita delle più belle. Di solito a sposare queste ragazze meno attraenti erano uomini poveri del popolo i quali non badavano alla bellezza, ma al gruzzolo. Insomma, *"belle e brutte si sposavano tutte"* come cita un proverbio che usiamo ancora oggi!

Lo stato di Babilonia

Lo stato di Babilonia fu fondato agli inizi del XIX secolo a.C.

Babilonia, dal sumero KA.DINGIR.RA cioè *"la Porta degli Dei"*, era situata sull'Eufrate in Mesopotamia, dal greco Μεσο ποταμία, *(terra) tra due fiumi* , una regione anticamente molto fertile tra il Tigri e l'Eufrate, oggi quasi completamente desertica.

Era anche chiamata *Babel o Babil*. Fu *città sacra* del Regno Babilonese nel 2.300 a.C., **capitale** dell'Impero Babilonese nel 626 a.C., ed esempio di grande metropoli a carattere multietnico e ben organizzata.

Le condizioni del territorio particolarmente favorevoli attirarono popoli delle zone circostanti e la sua posizione geografica sul Golfo Persico, con i due fiumi navigabili, permise un notevole sviluppo di rotte commerciali tra il Mediterraneo e l'India.

La storia dei Babilonesi non è sicuramente facile, poiché è praticamente un susseguirsi di popoli di varie tribù che, dopo essersi insediati, si combatterono, si mescolarono, si unirono e infine sconfitti da vari altri popoli, videro la fine definitiva della loro civiltà.

Teniamo presente la tabella seguente per orientarci nel complicato susseguirsi di tali eventi in Mesopotamia:

4000 a.C. - Primi insediamenti lungo i fiumi Tigri ed Eufrate.

3500 a.C. – I Sumeri si stabiliscono nel territorio tra il Tigri e l'Eufrate.

2000 a.C. – Gli Amorrei occupano il territorio dei Sumeri, si mescolano ad essi . Capitale diventa Babilonia. Inizia il Primo Impero Babilonese. Regno di Hammurabi (1792-1750 a.C.). Massimo splendore.

1146 a.C. – Gli Assiri occupano Babilonia. Spostano la capitale a Ninive. Finisce il Primo Regno Babilonese e inizia l'impero Assiro. Regno di Assurbanipal (668-631 a.C.).

612 a.C. – Ninive viene conquistata, Babilonia diventa nuovamente capitale. Gli Assiri sono sconfitti dai Babilonesi alleati con gli Egiziani, i Fenici, i Medi e i Persiani. Inizia il Secondo Impero Babilonese (625-538 a.C.) con la dinastia Caldea. Re Nabopolassar (625-605 a.C.), suo figlio Nabucodonosor 2° (605-562 a.C.), ultimo re Nabonendo (555-538 a.C.). Costruzione meraviglie di Babilonia.

538 a.C. - Ciro il Grande, re dei Persiani, sconfigge i Babilonesi. Inizia il dominio Persiano e finisce definitivamente il Secondo Impero Babilonese.

Sumeri, Amorrei e Primo Impero Babilonese

I primi abitanti alla foce del *Tigri* (che significa *"veloce come una freccia"*) e dell'**Eufrate** (che significa *"facile da attraversare"*), furono i *Sumeri*, da *Sumer* (che significa *"terra coltivata"*), i quali sfruttando l'acqua dei fiumi quando erano in piena, crearono canali di irrigazione che portavano acqua ai loro campi coltivati e dighe per arginarne la violenza.

Il loro ingegno ancora oggi influisce sulla nostra civiltà poiché, non solo furono gli ***inventori del chiodo, della ruota e dell'aratro*** ma formularono per primi, nel 3300 a.C. a Uruk, una sorta di ***scrittura cuneiforme*** che veniva incisa con uno stilo acuminato su tavolette di argilla fresca che venivano successivamente cotte al sole o in forno, per conservarne permanentemente la scrittura.

Di seguito Cilindro dello Ziqqurat.

Uruk: scrittura cuneiforme Sumera

Altre loro città importanti furono **Ur, Mari, Nippur e Lagash**. Attirati dalle terre ricche, prima i nomadi del deserto e poi nel 2.000 a.C. gli **Amorrei**, un popolo seminomade proveniente dall'ovest del fiume Eufrate, ebbero il sopravvento sui Sumeri.

Dalla convivenza tra i Sumeri e gli Amorrei, questi ultimi emigrati in Mesopotamia già nel 3° millennio a.C. dalla regione che oggi è la Siria, si sviluppò una nuova civiltà , la *civiltà Babilonese* (questo infatti fu il primo impero Babilonese), che ebbe sede appunto a Babilonia, la città che divenne una delle più belle dell'antichità.

Regno di Hammurabi (1792-1750 a.C.). Capitale Babilonia

Il re Hammurabi, nominato re a 18 anni, fu il sesto re degli Amorrei della Prima Dinastia di Babilonia, regnò dal 1.792 a.C. al 1.750 a.C.

Di seguito la lunetta della stele delle leggi con a sinistra Hammurabi e a destra il dio Shamash.

Babilonia: parte superiore della Stele con il Re Hammurabi e il dio Shamash

Il regno di Babilonia comprendeva allora solo le città di **Sippar, Borsippa e Kish**, oltre alla città di Babilonia. Durante il suo regno Hammurabi stringendo alleanze e compiendo diverse campagne militari, riuscì a sottomettere l'intera regione sotto il dominio di Babilonia creando così un grande unico impero in tutta l'antica Mesopotamia.

Sviluppò il primo codice scritto in cui le leggi erano eque, chiare e uguali per tutto il paese, con l'intento di migliorare la vita di tutti coloro che vivevano sotto il suo regno.

L'amministrazione di tutto l'impero fu accentrato nelle sue mani ed inoltre fu costruito un canale che da Babilonia portava al mare Caspio, creando un'importante via di comunicazione navigabile per agevolarne i commerci.

Parecchi sono i punti di contatto tra gli Amorrei ed i Sumeri: usavano ambedue la scrittura cuneiforme e adoravano gli dei rappresentati dai pianeti, dal mare, dalla terra. Marduk , dio protettore di Babilonia e il violento Assur erano gli dei più importanti, a cui venivano offerti anche sacrifici umani per placarne l'ira.

Studiarono l'*astronomia* spinti dal loro culto per il Sole e gli astri che, secondo le loro credenze, dalla posizione nella volta celeste, rivelavano la volontà degli dei.

L'*astrologia* era ritenuta sacra e il re, prima di qualsiasi decisione importante, consultava regolarmente i *maghi*, i quali erano i depositari dell'astrologia e quindi erano gli unici a poter leggere i "voleri e le previsioni" degli astri.

La loro *divisione dell'anno solare* in *12 mesi*, che ancora oggi noi utilizziamo, aveva *6 mesi* che duravano *29 giorni* e gli *altri 6* avevano una *durata di 30 giorni*. Poiché in questo modo però l'anno veniva ad avere solo *354 giorni,* si finiva in pochi anni ad avere le stagioni che non corrispondevano alle stagioni reali: ingegnosamente *aggiunsero 1 mese ogni 3 anni* affinché l'anno e le stagioni combaciassero.

Il mese poi lo divisero in *4 settimane,* ciascuna delle quali seguiva ognuna delle quattro fasi lunari.

Il *giorno* era diviso in *12 ore,* ogni ora era di *30 minuti,* ma ogni minuto *durava 4 volte* il nostro minuto e quindi il totale dei minuti in un giorno coincideva esattamente con *i nostri 1.440 minuti* (30m x4m x12m).

I Sumeri furono valenti _costruttori_ ed _architetti,_ infatti costruirono possenti fortezze e palazzi resi ancora più stupefacenti dalle loro invenzioni quali _l'arco_ e la _volta,_ che verranno presi ad esempio più tardi dai Romani, mentre i Greci e gli Egiziani non li utilizzarono.

Credevano che le malattie fossero provocate da spiriti maligni e che solo i sacerdoti, con le loro conoscenze della natura, potevano curarle: infatti i loro sacerdoti hanno per primi nella storia usato particolari erbe come _medicine,_ iniziando in questo modo una specie di tradizione medica naturale arrivata fino ai giorni nostri.

I Sumeri riuscirono a misurare la _distanza tra la Terra e alcuni pianeti,_ studiarono le _eclissi di sole e di luna_ e diedero il _nome alle stelle e alle costellazioni_ che riuscivano a vedere, nomi che per la maggior parte gli astronomi usano ancora oggi. Per studiare la loro astronomia ed effettuare le loro osservazioni inventarono _la meridiana,_ cioè l'orologio solare e l'_astrolabio,_ usato per orientarsi grazie alle stelle.

Infine anche _la matematica_ fu un'area ben sviluppata poiché i Babilonesi riuscivano a _calcolare aree e volumi, a misurare gli angoli_ ed a **estrarre le radici quadrate e cubiche** [http://bit.ly/1Qsm6oJ], basandosi su un metodo di calcolo numerico per approssimazioni successive.

Sono state ritrovate molte tavolette di terracotta sulle quali studenti babilonesi si esercitavano nella matematica sumera. Le due tavolette raffigurate rivestono una importanza particolare, poiché hanno avuto un ruolo fondamentale per capire oggi la avanzata matematica babilonese.

Un esempio è dato dalla **Tavoletta YBC7289**, collezione Università di Yale, qui di seguito

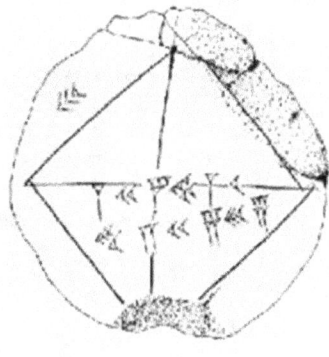

Tavoletta raffigurante l'avanzata matematica Sumera

La **Tavoletta PLIMPTON322** (collezione università Columbia), qui di seguito raffigurata, riporta 4 colonne di numeri su base 60, sistema esadecimale che sopravvive nella misurazione del tempo ancora oggi: infatti noi dividiamo le ore in 60 minuti e i minuti in 60 secondi come allora.

Tavoletta di matematica esadecimale Sumera

Le leggi di Hammurabi e le classi sociali

Erano regolate secondo il Codice di Hammurabi, che raccolse le prime leggi scritte, sia per il giudizio pubblico che per quello privato, dando importanza alla persona e riconoscendone il valore. Cosa inusitata sino ad allora, il *re poteva accogliere il ricorso* di un giudicato contro le sentenze ratificate dai Giudici ... era la nostra corte d'appello!

Il codice di Hammurabi , fu il primo a contemplare la cosiddetta legge del taglione, **"occhio per occhio"**, cioè se si uccideva una persona la pena era sicuramente la morte ed ogni pena era commisurata al danno.

Questa legge risale al XVIII a.C. , comprende un *prologo*, *282 paragrafi* con descritte le leggi che regolavano la famiglia , il commercio, i salari (che consistevano in sale e metalli secondo quantità pattuite),la proprietà e infine un *epilogo.*

Le   leggi di questo codice furono incise in caratteri cuneiformi su una stele di basalto, alta 2,25 metri, ritrovata tra il 1901 e il 1902 a Shush (Susa) in Iran, dall'archeologo Jacques de Morgan. Oggi la stele si trova al museo del Louvre.

Stele con incise le leggi del Re Hammurabi

La parte superiore ha la forma di lunetta e rappresenta scolpito Hammurabi in piedi che presenta le leggi al dio della giustizia Shamash seduto, il quale in segno di approvazione gli dona i simboli della regalità e cioè la verga e l'anello.

Shamash (dio del sole), insieme a suo padre _Sin_ (dio della luna) e a _Ishtar_ (dea dell'amore) formava la triade delle divinità. Era il dio che aveva eroicamente combattuto la morte e la notte, attraversando il cielo forse cavalcando un cavallo, forse su un carro o forse su una nave.

Esercitava il potere sulla luce, il buio e il male; per la sua equità giudicava non solo gli uomini, ma anche gli dei. Di notte diventava giudice degli inferi ed essendo anche dio dell'universo è rappresentato seduto sul trono, con in mano i simboli della giustizia e della rettitudine: una verga e un anello. Era anche raffigurato con il disco solare e associato con un pugnale dentellato.

Tornando alle leggi emanate da Hammurabi , è interessante notare la struttura del testo che si differenzia in due tipi di linguaggio: un linguaggio colto e accurato che caratterizza il prologo e l'epilogo, mentre il testo delle leggi è scritto in una lingua più comune, adatta ad essere capita praticamente da chiunque allora sapesse leggere.

Nel **prologo** si sublimano le doti del re, eletto dagli dei, "giusto" secondo le leggi divine, "protettore" del popolo di cui si premura di conoscere le esigenze, attento "seguace" del culto degli dei.

Nella **parte centrale** sono descritte le leggi e le pene da comminare a chi le trasgredisce, _l'occhio per occhio, dente per dente,_ che spesso noi citiamo, fa proprio parte di questo codice, la pena deve essere commisurata all'offesa e decisa da un giudice, senza farsi vendetta da sé.

L'**epilogo** è un documento importantissimo perché testimonia cronologicamente i fatti più importanti relativi al regno di Hammurabi, le sue conquiste, il suo potere e soprattutto è una testimonianza dell'ordine e del buon governo del sovrano: un documento per dare il buon esempio, quasi un testamento, per i sovrani che gli succederanno.

Il re era capo assoluto, non era considerato né un dio né figlio di un dio, ma essendo *"servo di Assur"* e quindi una figura religiosa, il volere del dio Assur doveva essere adempiuto attraverso il volere del re.

Al di sotto del re vi era la classe dei *"liberi"*, cioè i sacerdoti, gli uomini politici, i guerrieri, i funzionari, gli artigiani, i commercianti e i proprietari delle terre.

Veniva poi la classe dei *"semiliberi"*, a cui appartenevano i liberi che per qualche loro colpa erano scesi di grado, oppure gli schiavi che avevano riconquistato la libertà.

All'ultima classe appartenevano gli *"schiavi"*, cioè erano i prigionieri di guerra. Potevano però fare affari, salire al ceto superiore, sposare anche individui appartenenti alle classi superiori. I figli degli schiavi nascevano schiavi, ma come abbiamo visto, durante la loro vita potevano affrancarsi.

Impero Assiro e la prima biblioteca

Occupazione Babilonia 1.146 a.C. Capitale Ninive. Assurbanipal (668-631 a.C.).

Quando nel 1.750 a.C. morì Hammurabi, le difese del Paese si indebolirono a tal punto che venne invaso da diversi popoli fino a che, nel 1.146 a.C. ,gli *Assiri (da Assur*, il nome della loro crudele divinità) conquistarono tutto il territorio.

Già attorno al 1.100 a.C. gli Assiri, popolo di guerrieri pastori, avevano iniziato le loro scorribande, attratti dalla ricchezza del territorio, usando armi di ferro e carri da combattimento da loro stessi progettati. Per le loro campagne militari usarono per primi i **_cammelli_**, preferendoli agli asini usati da altri popoli, perché erano in grado di sopportare pesi maggiori e soprattutto avevano la capacità di sopportare meglio le alte temperature.

Ninive: mura antiche della città visibili prima della loro recente distruzione ad opera dell'Isis. Le originarie circondavano l'intera città e la difendevano con la loro possenza.

Dopo aver conquistato Babilonia, gli Assiri portarono la **_capitale a Ninive_** dove **_Assurbanipal_** ultimo loro grande re, regnò dal 668 al 631 a.C. Noi lo conosciamo anche con il nome di Sardanapalo e come fondatore di Tarso, la città di provenienza di san Paolo, situata nell'odierna Turchia.

Ninive: la città, con le sue mura e nel suo pieno splendore, come appare nella ricostruzione rappresentata nel"Liber Chronicarum" di Norimberga del 1493

Ninive si sviluppò a partire dal V millennio a.C., sulla sponda sinistra del fiume Tigri. La città raggiunse proprio con Assurbanipal il massimo splendore che, oltre ai magnifici palazzi, fece costruire le mura lunghe 12 km, mura che recavano intarsi, iscrizioni e mosaici.

Di seguito un'immagine del re Hassurbanipal a caccia.

Ninive: vivida immagine di Re Hassurbanipal a caccia con l'arco

Egli creò ***la prima biblioteca della storia,*** avendo fatto raccogliere nel suo palazzo tutti i testi in scrittura cuneiforme che era stato possibile reperire in Mesopotamia. Gli scritti, ***circa 22.000 tavolette,*** erano raccolti in una rudimentale classificazione e divisi per argomento.

British Museum: tavoletta Assira che riporta i sinonimi dell'epoca

Assurbanipal, detto Sardanapalo, viene descritto come un re dedito alla lussuria più sfrenata. Sembra che vivesse per lo più nel suo meraviglioso palazzo di Ninive, circondato da ospiti e concubine.

Questa fama non gli rende però giustizia, poiché oltre alla creazione della **_Biblioteca,_** sotto il suo regno il territorio dell'impero Assiro, raggiunse la massima estensione che comprendeva, oltre a Babilonia, la Siria, la Persia e persino l'Egitto.

Numerosi sono i poeti e soprattutto i pittori che si sono ispirati a questo re lussurioso.

Dante Alighieri [http://bit.ly/1proS4R] nel XV canto del Paradiso, ne fa un esempio di depravazione morale, rappresentando in lui l'impudicizia e la corruzione della Firenze del 1.300. Così lo descrive nella Divina Commedia:

…non avea case di famiglia vòte;

non v'era giunto ancor Sardanapalo

a mostrar ciò che 'n camera si puote…

Ugo Foscolo [http://bit.ly/1UHlM8x], nell'opera ***Dei Sepolcri*** [http://bit.ly/21ML0rE], dedicata a Pindemonte, fa cenno a Sardanapalo, per sottolineare la decadenza e il vizio del "**giovin signore**" lombardo, e così lo descrive:

…. nel suo povero tetto educò un lauro

Con lungo amore, e t'appendea corone;

E tu gli ornavi del tuo riso i canti

Che il lombardo pungean Sardanapalo ….

Il pittore ***Eugène Delacroix*** [http://bit.ly/1jsupPy] nel 1827 ne raffigura la morte su una pira funeraria, insieme alle sue concubine. Il dipinto si trova al Louvre (Parigi).

Louvre: raffigurazione della morte del depravato Sardanapalo

Questo re, benché illuminato e colto, regnò in maniera talmente crudele sulle popolazioni da lui conquistate che Fenici, Persiani ed Egizi si coalizzarono per combattere questo odioso tiranno. Dopo la sua morte, l'impero iniziò a indebolirsi fino a che nel 612 a.C.

Ninive, distrutta dai Persiani, cadde e l'ultimo re Assiro, Assurbanipal, morì sotto le rovine del suo magnifico palazzo.

L'impero assiro così finiva ed iniziava il secondo periodo del regno Babilonese.

Secondo Regno Babilonese

Re Nabucodonosor II (Nebuchadnezzar 604-562 a.C.). Capitale Babilonia.

I Caldei, popolo semita connesso alle tribù aramaiche, nella seconda metà dell' VIII e il VII secolo a.C. si allearono con gli Elamiti e mossero guerra contro gli Assiri. Sul trono di Babilonia si avvicendarono così vari condottieri caldei e, con il regno del caldeo Nabucodonosor (604-562 a.C.), iniziò il periodo di maggior potenza del popolo Babilonese.

Nabucodonosor assalì per ben due volte la Giudea distruggendo parzialmente il Tempio di Gerusalemme, deportando una prima volta nel 597 a.C. tantissimi ebrei scelti fra i più importanti (politici, religiosi, benestanti), tra cui il profeta Daniele. Come già ricordato, nel 587 a.C., dopo una rivolta, Gerusalemme e il Tempio furono completamente rasi al suolo e altri ebrei deportati verso quel crudele esilio, conosciuto come *Cattività Babilonese*, anche se in effetti la loro situazione non fu mai veramente disperata.

Un articolo del *Corriere della Sera*, del 17 febbraio 2015, riporta che in Iraq sono state ritrovate, forse in un sito clandestino, 110 tavolette di argilla, in scrittura semitica cuneiforme, che svelano la vita quotidiana degli ebrei in esilio, con nomi indirizzi, contratti di vendita e certificati amministrativi. Queste importantissime tavolette sono in mostra, sino al 15 maggio 2016 a Gerusalemme, al *By the rivers of Babylon* [http://bit.ly/1K8sP3v], **Bible Lands Museum.**

Dopo la morte di Nabucodonosor la città fu sempre più indebolita dalla corruzione e dalla ricchezza sfrenata fino a quando fu conquistata da Ciro, re dei Persiani nel 539 a.C. Non fu impresa facile poiché la città, ben protetta con tre linee difensive di mura, era circondata da fossati d'acqua, per questo veniva chiamata *"Urbs inexpugnabilis".*

Astutamente però Ciro fece prosciugare il fossato deviando l'acqua e, giungendo quindi sotto le mura, riuscì a fare breccia nelle tre mura, una dopo l'altra, per penetrare nella città, sembra in una sola notte. Si avverava la predizione del *profeta Isaia* che, quasi due secoli prima, ne aveva predetto la fine, dicendo:

"Siedi in silenzio ed entra nelle tenebre, o figlia dei caldei; poiché non ti sentirai più chiamare Padrona dei regni".

Conquistata Babilonia, Ciro diede comunque la possibilità agli ebrei che lo desiderassero di tornare a Gerusalemme, molti ne approfittarono, ma tantissimi rimasero a Babilonia: il loro modo di vivere, al di là della religione, ormai si era adeguato a quel mondo così diverso dal loro paese d'origine.

Palazzi e meraviglie

Babilonia, nella sua grande magnificenza, era una città molto decorata e con particolari descritti dagli storici che meravigliano ancora oggi, come la Porta Ishtar che si apriva sulla Via Cerimoniale, principale percorso sacro della città.

Babilonia: ricostruzione della porta d'ingresso della città dedicata alla dea Ishtar

Otto erano le porte per entrare nella città. A settentrione si apriva appunto la porta di Ishtar, gigantesca e fortificata, fiancheggiata da due torri avanzate, fatta costruire da Nabucodonosor. Da qui iniziava la Via delle Processioni, su cui si affacciavano numerosi templi. Sui muri erano rappresentati 120 leoni in dimensione naturale, poiché Nabucodonosor riteneva questo animale un simbolo di forza.

Leone: in dimensione naturale simboleggia la dea Ishtar

Toro: in dimensione naturale, rappresentato sulla porta di Ishtar

Drago serpente sulla porta di Ishtar: dio Mushussu, protettore di Babilonia

Sia la Porta che una parte della via Processionale possono oggi essere ammirati al Museo Pergamon di Berlino, dove sono stati ricostruiti con i resti recuperati dagli scavi effettuati da **_Robert Koldewey_** [http://bit.ly/21Q0aJf] alla fine del '800. E' dedicata alla **_dea Ishtar_**, la dea della guerra, della fertilità e dell'amore, sebbene siano rappresentati anche altri dei, sotto forma di leoni, tori e draghi.

Di seguito bassorilievo della dea Ishtar conservato al British Museum di Londra.

British Museum: la dea Ishtar protettrice dei Babilonesi

Lo **_Ziqqurat del dio Marduk_** , cioè la famosa **_"torre di Babele"_** era uno dei Templi situati sulla via Cerimoniale ed aveva la forma di una torre, alta circa 90 metri, costruita a gradoni con fango e mattoni cotti. Era sormontata da un piccolo altare dedicato ai vari dei Babilonesi: l'altare era racchiuso in una piccola area recintata a cielo aperto, cioè il *sacèllo* (dal latino sacellum, diminutivo di sacer, cioè sacro).

Questa costruzione dà forma a una delle storie più conosciute e amate dal genere umano: costruita da Nabucodonosor, la "torre di Babele", è da sempre considerata simbolo della superbia e della dissolutezza del popolo di Babilonia, descritta dalla Bibbia, nel libro della Genesi, come la "*grande meretrice*", Si racconta che i Babilonesi avessero costruito la torre per arrivare al cielo, ma Dio li volle punire confondendo e diversificando il loro linguaggio, perché non si capissero e non potessero più continuare la loro opera.

Moltissimi pittori hanno dipinto la Torre di Babele, lasciando libera la loro fantasia di interpretare la tradizione. Il quadro che segue è, a mio parere, uno dei più belli, dipinto da Pieter Bruegel il Vecchio nel 1583.

Vienna: Raffigurazione della Torre di Babele secondo il pittore Pieter Bruegel

Ancora oggi Babele per noi significa confusione e superbia.

La spiegazione probabilmente può essere un'altra: poiché in quella città convivevano pacificamente popoli diversi, logicamente anche le loro lingue erano diverse: la torre di Babele non è altro che la rappresentazione di questa diversità.

L'esatto nome della torre di Babele era allora *Ziqqurat* (cioè edificio che sale) *Etemenanki* (cioè *Casa delle fondamenta del Cielo e della Terra*), ed era un tempio dedicato al *dio Marduk*, protettore di Babilonia spesso rappresentato da un serpente-drago, raffigurato sui brillanti mattoni di terracotta di Babilonia

L'Etemenanki era la principale ziqqurat della città di Babilonia e rappresentava il centro religioso di maggior rilievo dell'intera città. La struttura si presentava in mattoni cotti smaltati e colorati.

La ricostruzione attuale dell'edificio si fonda sulla descrizione riportata da Erodoto verso il 460 a.C. il quale sosteneva che l'Etemenanki presentasse una pianta di forma quadrata e che, all'acme della torre, si trovasse il santuario del dio Marduk.

Nella parte centrale della struttura era conservato il *letto delle nozze sacre*. Infatti racconta ancora Erodoto, vi si svolgeva il rito della fertilità per cui una giovane donna Assira veniva lasciata da sola per tutta la notte, per essere fecondata dal dio Bel, cioè Marduk. Questo dio era considerato talmente santo che il suo nome non poteva essere nominato e la gente poteva solo chiamarlo Bêl, cioè "Signore".

Secondo quanto riportato da alcuni testi antichi, l'Etemenanki venne costruito da Hammurabi nel II millennio e nel 689 a.C. demolito interamente dall'assiro Sennacherib. Dopo essere stato riedificato, la forma tramandata dell'edificio si deve al re caldeo Nabopolassar ed il restauro proseguito con il figlio Nabucodonosor II, nel VI secolo a.C..

I *Giardini Pensili* furono una delle *7 Meraviglie del Mondo Antico* [http://bit.ly/1LGVVvw].

Realizzati da Nabucodonosor II nel 590 a.C. avevano una struttura a pianta quadrata e a terrazze. Gli alberi, le piante e i fiori si dice che arrivassero da tutte le parti del mondo allora conosciuto, irrigati da abbondante acqua. Ruscelli e fontane, rinfrescavano coloro che passeggiavano in mezzo a tanta bellezza.

Ricostruzione immaginaria dei Giardini Pensili.

Babilonia: ricostruzione dei Giardini Pensili come descritti dagli storici

La leggenda racconta come **Nabucodonosor** avesse sposato **Amytis**, una principessa bellissima, per formalizzare l'alleanza con la dinastia dei Media. Amytis dunque proveniva dal nord ovest dell'Iran (oggi approssimativamente *Azerbaijan*), una terra lontana di cui aveva una grande nostalgia nel ricordo delle sue montagne e dei suoi giardini. Per amor suo furono costruiti quei magnifici Giardini, pur con grandi difficoltà.

L'acqua veniva pompata dal fiume alle terrazze superiori per mezzo di ruote che la sollevavano di piano in piano, e in mezzo a tutto quel rigoglio sembra che la regina ogni mattina cogliesse una rosa fresca durante tutto l'arco dell'anno.

Su ogni singolo mattone dei Giardini Pensili, Nabucodonosor volle che fosse inciso il suo nome. Per anni si era messa in dubbio l'esistenza dei Giardini Pensili, ma alla fine del 1.800 l'archeologo Robert Coldewey con i suoi scavi ha riportato alla luce i resti di una struttura in cui è stata riconosciuta questa meraviglia, perché sono stati trovati proprio quei mattoni, con inciso il nome di Nabucodonosor!

Il ***Palazzo Reale, cioè il Palazzo di Nabucodonosor,*** venne costruito vicino al fiume Eufrate e protetto da un'imponente fortificazione. Aveva un ingresso principale e 5 cortili: il primo cortile dava su un secondo cortile su cui insistevano gli edifici amministrativi, dal terzo si accedeva alla Sala del Trono, una sala enorme (50 metri per 15 metri) e magnifica, abbellita da piastrelle di smalto azzurro. Il quarto comprendeva gli appartamenti reali e il quinto ed ultimo era il più riservato in quanto comprendeva l'Harem.

Babilonia: resti del Palazzo di Nabucodonosor

L'**Esagila ("la casa della testa alzata")** il tempio basso, dedicato al dio Marduk, venne terminato nel VI a.C.secolo. Si trovava proprio nel centro di Babilonia. In esso l'immagine del dio era circondata dalle immagini dei vari culti delle città conquistate sotto l'Impero Babilonese, dal secolo XVIII in poi. All'interno del tempio c'erano le statue di *Marduk* e della moglie *Sarpanit*. Vicino era stato creato un piccolo lago che, secondo i sacerdoti, rappresentava *Enki*, il padre di Marduk, protettore delle acque.

Teoria sulla creazione dell'Uomo

Particolare era la loro *teoria sulla creazione*: secondo la leggenda nell'universo regnava il Caos. Volendo rimettere ordine, *Marduk*, il dio buono, difese gli altri dei combattendo contro Tiamat un mostro diabolico. *Tiamat*, un mostro femmina, avendo deciso di distruggere gli altri dei, aveva armato un grande esercito capitanato dal marito *Kingu*. Quando questi vide avanzare il dio Marduk, si spaventò talmente che si diede alla fuga, ma inutilmente. Fatto prigioniero fu ucciso e la stessa fine toccò alla moglie Tiamat.

Marduk riportò ordine nel Cosmo e, tagliando il corpo di Tiamat in due, formò con una parte il *Firmamento* e con l'altra le fondamenta della *Terra*. Poi creò il Sole, la Luna e le Stelle. Infine assegnò a ogni dio un compito, ma questi si lamentarono che non esisteva nessuno che potesse servirli. Marduk per accontentarli, col fango mescolato al sangue di Kingu, formò un fantoccio che chiamò *Uomo*: questi avrebbe così servito gli dei.

Finalmente gli dei si sentirono soddisfatti e per ringraziarlo costruirono Babilonia e il santuario dedicato a Marduk, proprio l'Esagila.

I resti di Babilonia e Ninive sono stati distrutti

Babilonia: purtroppo durante la guerra in Iraq nel 1991, sono andati distrutti o trafugati, dal museo di Bagdad, reperti preziosissimi (molti dei quali addirittura venduti su internet) , sembra circa 20.000. La porta di Ishtar, fatta ricostruire negli anni '70 dal dittatore iracheno ***Saddam Hussein*** [http://bit.ly/1prpAPw], è andata in rovina, i resti del Palazzo di Nabucodonosor sono stati ricoperti di ghiaia e di spray chimici. Tonnellate di terra, contenenti materiali archeologici importanti, sono state caricate e portate via su container.

Ninive: nel 2015 sono stati bruciati i libri nella biblioteca di Mosul (l'antica Ninive), le statue abbattute a picconate, le mura distrutte: i militari dell'Isis hanno praticamente cancellato o rivenduto tutti i resti della civiltà Assira.

Anni e anni di scavi avevano riportato alla luce reperti meravigliosi che sono andati distrutti nello spazio di poco tempo.

La terra di Babilonia ancora oggi non conosce pace.

Conclusione

Con questo primo libro della serie dedicata all'archeologia, mia grande passione, ho pensato di farvi conoscere alcuni aspetti di questa scienza e di stimolare anche voi lettori nella ricerca delle nostre lontane origini.

E' meraviglioso scoprire come siano nate tante cose che per noi oggi appaiono naturali come il fuoco, la ruota, la scrittura, la medicina e come antichissimi popoli abbiano costruito, lentamente e tra molte battaglie, quella che noi oggi chiamiamo "civiltà".

Nulla è avvenuto per caso: tutto è stato conquistato da noi umani con un duro lavoro e tra grandi sofferenze . La più grande lezione del nostro lontano passato è: "**lavorare, inventare, costruire senza fermarsi mai**!" ed ora, avanti verso lo spazio, alla conquista dell'universo.

Spero di essere riuscita a trasmettervi questo mio amore e vi auguro...buon proseguimento!

Linkedin: **Eva Accenti**
Link ai miei libri pubblicati: http://amzn.to/1U11qXl

Indice dei luoghi citati

D

Damasco; 83; 84
Deserto di Giuda; 29

E

Ebron; 20
Eden; 20
Efeso; 87
Egitto; 20; 46; 83
Erice; 43
Eufrate; 100; 101; 102; 103; 125

F

Fenicia; 41; 45; 46
Firenze; 115
Francia; 56

G

Gades; 62
Gerico; 28
Gerusalemme; 24; 27; 28; 29; 34; 35; 97; 99; 100; 117; 118
Gibilterra; 41
Giordania; 15; 17; 20; 22; 26
Giordano; 11; 17; 18; 19; 20; 25; 100
Giudea; 28; 117
Golfo Persico; 101
Gomorra; 1; 3; 11; 15; 17; 19; 20; 26
Grecia; 84

H

Heliopolis; 83; 84; 85

Indice dei nomi citati

D

Daniele; 117
Dante Alighieri; 21; 115
Didone; 11; 52; 57; 58; 59
Dioscoro; 86; 87
Dr. Hafed Walda; 79

E

Ebrei; 34; 35; 36; 97; 99; 100; 119; 118
Elamiti; 1117
Eleazar ben Yair; 36
Elissa; 52; 57; 58
Enea; 58; 59
Enki; 126
Ercole; 41; 50; 71; 76
Ernest Renan; 50
Erode; 28; 29; 31; 32; 33; 34; 37
Erodoto; 50; 100; 1
Esseni; 28
Ethbaal; 56
Eugène Delacroix; 115

F

Farisei; 28
Fenici; 11; 39; 40; 41; 42; 43; 44; 46;47; 51; 54; 56; 57; 64; 78; 108; 124
Flavio Giuseppe; 28; 29; 35
Fulvia; 75

G

Genserico; 78
Giovanni; 87; 97
Giove; 85; 86; 89; 93; 95
Giuseppe Verdi; 100

Z

Zeloti; 28; 35; 37

INDICE DEI TESTI CITATI

INDICE DEI LINK INTERNET CITATI

Digitando questi link abbreviati nel proprio browser il lettore può accedere alle pagine web per approfondimenti.

Pirro, re dell'Epiro [http://bit.ly/1QxDHgi],

Prima guerra punica [http://bit.ly/1Nh6uEY]:

Scacchiera di Polibio [http://bit.ly/1QujF4Z]

Sistema Enigma [http://bit.ly/1RNaWez]

Amilcare Barca, cartaginese [http://bit.ly/1nn514Z],

Annibale Barca, figlio di Amilcare [http://bit.ly/1RtXvO2]

Massinissa [http://bit.ly/1prnwqE]

Terza guerra punica [bit.ly/1VY0AJW]

Marco Porcio Catone [http://bit.ly/1QUaE2f]

Publio Cornelio Emiliano [http://bit.ly/1LZKJFe]

Agatocle, tiranno di Siracusa [http://bit.ly/1X1MqI7],

Diodoro Siculo, storico [http://bit.ly/1LZKUjZ]

Ottaviano Augusto, primo imperatore romano
[http://bit.ly/21MIwtn]

Tiberio, secondo imperatore romano [http://bit.ly/21deIAw],

Nerone [http://bit.ly/21PWOWB],

Adriano, imperatore romano [http://bit.ly/21MIWQg]

Lucio Settimio Severo, imperatore romano (146-211 d.C.)
[http://bit.ly/1RNby3L]

Plauziano [http://bit.ly/1nn6ici],

Caracalla, figlio di Settimio Severo [http://bit.ly/1TWdrP3]

Dr. Hafed Walda. archeologo [http://on.fb.me/24JdNfQ],

Saturnalia, di Ambrogio Teodosio Macrobio
[http://bit.ly/1L846ks],

Alan F. Alford, scrittore [http://bit.ly/21MJV38]

Giuseppe Verdi [http://bit.ly/1Tyi1Dr]

"Va, pensiero" [http://bit.ly/1RNbZLt],

Matematica dei Babilonesi [http://bit.ly/1Qsm6oJ],

Dante Alighieri, illustra Assurbanipal, detto Sardanapalo
[http://bit.ly/1proS4R]

Immagini di Baalbek [http://bit.ly/1TwtNOo]

Ugo Foscolo, opera Dei Sepolcri [http://bit.ly/1UHlM8x]

Eugène Delacroix, pittore [http://bit.ly/1jsupPy]

Tavolette babilonesi [http://bit.ly/1K8sP3v].

Robert Koldewey, archeologo [http://bit.ly/21Q0aJf]

Giardini Pensili, Meraviglia del Mondo Antico
[http://bit.ly/1LGVVvw].

La porta di Ishtar ricostruita da Saddam Hussein
[http://bit.ly/1prpAPw

Link ai miei libri pubblicati:[http://amzn.to/1U11qXl]